시
루
와
배

시루와 배

2023년 1월 25일 초판 인쇄
2023년 1월 30일 초판 발행

지은이 김탁 | 펴낸이 이찬규
펴낸곳 북코리아 | 등록번호 제03-01240호
전화 02-704-7840 | 팩스 02-704-7848
이메일 ibookorea@naver.com | 홈페이지 www.북코리아.kr
주소 13209 경기도 성남시 중원구 사기막골로 45번길 14 우림2차 A동 1007호
ISBN | 978-89-6324-985-8 (03290)

값 15,000원

시루와 배

증산 강일순은 어떤 인물이며

그의 가르침의 핵심은 무엇인가?

甑

瓦

山

김탁 지음

북코리아

증산(甑山) 강일순(姜一淳, 1871-1909)!

그는 과연 어떤 인물이며, 어떠한 새로운 생각을 했던 사
람이며, 그의 가르침의 핵심은 무엇인가? 나아가 증산의 생애
와 사상은 실제로 어떤 특성을 가졌기에 오늘날에 이르기까지
여전히 회고되고 소환되며 믿어지고 있는가? 이 책은 이러한
근본적이고 본질적인 물음에 대해 필자가 고민한 결과를 나름
대로 정리한 것이다.

증산 사후 불과 110여 년이 지난 시점이지만, 그를 상제
(上帝), 옥황상제(玉皇上帝), 구천상제(九天上帝), 하느님, 미륵(彌
勒)부처님, 대성(大聖), 천사(天師), 구천응원뇌성보화천존(九天
應元雷聲普化天尊), 후천천황씨(後天天皇氏), 아버지 등으로 믿는
증산교단의 130여 개 교파가 역사의 무대에서 명멸했고 지금

도 많은 교단에서는 여전히 활발한 신앙을 이어가고 있다.

증산은 스스로를 상제 또는 하느님이라고 주장하여 절대 권위와 능력을 지닌 최고신이라고 선언한 인류 역사상 최초의 인물이다. 자신이 바로 인류사의 오랜 시간을 통해 믿어지고 숭배받았던 존재라고 강조함으로써, 증산은 사후에 지고한 권능을 가진 최고신으로 받들어지고 모셔졌다. 그는 하늘과 땅의 온갖 질서를 근본적으로 뜯어 고친다는 천지공사(天地公事)라는 종교적 행위를 직접 행하여 앞으로 오는 세상의 운수를 혁신적으로 변혁하고 기초부터 바꾸었다고 믿어진다. 이러한 증산에 대한 믿음이 실제 인류 역사의 전개에 과연 어떠한 영향을 미쳤고 그 결과는 어떠한가에 대해서는 여러 의견이 분분하다. 어쨌든 증산에 대한 다양한 평가와 함께 여러 형태의 증산신앙이 오늘날까지 계속 이어진다는 역사적 사실만은 분명하다.

이 책은 '상제 증산'이나 '하느님 증산'으로 믿어지는 신앙이 중심이 아니라 오로지 그 바탕이 되는 역사적 인물로서의 그의 생각과 가르침을 개괄적으로 살펴보는 작업으로 진행되었다. 증산을 상제나 하느님으로 믿고 숭배하는 '종교적 진실'과는 별도로 그의 실제 삶을 가장 가깝게 보려는 '역사적 사실'도 엄연히 따로 존재한다.

믿음과 신앙의 대상으로 고착화한 '종교적 인물'로서의 증산 상제나 증산 하느님에 주목하는 것이 아니라, 우리는 먼저 '역사적 인물'로서의 증산의 행적과 가르침에 대해 깊이 있게 알아보아야 한다. 이는 기본적 물음이다. 여기에 답하지 않고 형성되는 온갖 다양한 형태의 증산신앙은 모래 위에 지어진 헛된 건축물일 뿐일 것이다. 기본에 충실하여 증산을 바라보고 분석하는 일은 '증산신앙'의 가장 기본적인 토대가 된다. 후대의 인간들이 펼치는 많은 상상력과 여러 해석들에 따라 증산이 표현되고 믿어질 수는 있을 것이다. 그렇지만 신앙과는 별도로 동북아시아에 자리한 한반도의 한 귀퉁이에서 40여 년의 비교적 짧은 생애를 영위했던 증산의 체취를 맡으며 그의 실제적 삶에 가장 부합하는 관점에서의 기록 또한 필요하고 요청되는 시점이다.

　　종교는 계시와 신앙과 은총의 대상으로만 규정되어야 하며, 일상적 체험과 이성과 분석의 대상이 아니라는 주장이 있다. 그러나 정밀한 교학체계를 수립하려는 끊임없는 이성의 노력이 없다면 증산교 내지 증산신앙은 이미 지나간 한반도의 한 불건전한 미신으로 전락하고 말 것이다. 이제 진정한 의미의 증산교학 또는 증산신학의 정립을 위해서라도 그 기초작업인 '역사적 인물로서의 증산'에 대한 보다 면밀하고 분석적인 연구가 진행되어야 할 시기다. 즉 신앙과 이성의 조화를 추구하고, 그 접점에서의 증산에 대한 진정한 이해가 필요하다. 증산의 신성(神性)을 강조하고 믿기보다는 우선 증산의 인성적(人性的) 측면을 고찰하는 깊은 연구가 요청되는 것이다. 증산이 상제 또는 하느님으로서 인간으로 육화(肉化)했다는 믿음은 어디까지나 신비의 영역으로 남겨져 또 다른 측면에서의 연구가 진행되어야 함은 물론이다. 그러나 그보다 먼저 증산이 역사적 인물로서 행했던 발자취와 그 흔적을 살펴보는 작업이 우선시되어야 한다. 그래야 비로소 '증산 상제'나 '증산 하느님'으로까지 믿어지는 근거가 확보될 수 있을 것이기 때문이다.

원망이 사라진 세상에서 더불어 사는 세상을 꿈꿨던 해원(解冤), 상생(相生), 보은(報恩)사상의 혁명가인 증산 강일순! '원한 풀기', '남 살리기', '은혜 갚기'로 이해되는 이러한 근본 교리를 중심으로 다양한 형태의 증산신앙이 각기 전개되었다. 그는 오늘날 새로운 사상에 목말라 있는 현대인들이 새롭게 조명해야 할 위대한 인물이 분명하다. 증산이 살았던 삶과 그가 제시한 사상은 위대했건만, 세상은 아직도 그에 대해 잘 모르는 실정이다. 따라서 각종 갈등, 대립, 투쟁에 여전히 몰두하고 지쳐가고 있는 현대 인류에게 있어서 나름대로 삶의 모범을 보이고 나아가 사상적 대안을 일정하게 제시했던 증산 강일순은 깊이 연구되고 본받아 마땅하다. 이처럼 그의 삶과 사상이 오늘날 재조명되고 그의 목소리가 절실히 필요한 시점인데도 불구하고 여전히 증산은 많은 사람에게 낯선 인물이라는 사실이 참으로 안타깝다.

이에 필자는 19세기 말에서 20세기 초반에 걸쳐 40여 년의 평생을 타오르는 불꽃처럼 치열하게 살다 간, '정읍사람 강일순'을 사람들에게 알리고자 이 글을 썼다. 이 책에서는 증산에 대한 최초의 체계적이고 대표적인 기록물인 『대순전경(大巡典經)』 6판(1965)을 중심으로 분석하겠다. 증산교단의 경전성립사에 대해서는 필자의 『증산교학』(1992)에 실린 「증산교의 교리체계화과정」이라는 글을 참고하면 된다.

흔히 증산을 일컬어 '상제님'이나 '하느님'이라고 믿고 따르는 사람들도 있고, 일부 학자들은 그를 '한국의 예수'라고 칭할 정도로 그를 뛰어난 종교가 내지 종교적 천재로 규정하기도 한다. 분명 증산이 살았던 조선사회는 그의 뛰어난 종교적 행보를 전혀 또는 거의 이해할 수 없었다. 하지만 백여 년이 흐른 지금, 증산은 기존의 모든 종교사상을 적극적으로 포용하여 더불어 사는 세상을 꿈꾼 혁명적 종교가로 새롭게 주목받고 있다. 특히 그의 해원과 상생의 이념은 자본주의가 지배하는 물질문명에 경종을 울리며, 새로운 정신문명의 모색을 위한 한 대안이 될 것으로 전망된다. 아무쪼록 부족한 글이나마 세상에 알려져서, 증산 강일순에 대한 보다 심층적인 연구가 활발히 이루어지길 기원한다.

2022년 8월 무더위가 기승을 부리는 날에

대덕산 아래 백산초당에서 필자 쓰다

차례

4부 지금 바로 행동하라

들
어
가
는

글

이 책에서는 우리나라 근대의 천재적 종교가로 널리 알려진 증산(甑山) 강일순(姜一淳, 1871-1909)의 사상을 개괄적으로 살펴본다. 그의 사상이 과연 어떤 점에서 독창적이며, 그것이 현대를 살아가는 우리에게 과연 어떠한 시사점을 주며, 어떤 영향을 끼칠 수 있는지에 대해 전반적으로 살펴보고자 한다.

강일순의 아호(雅號)는 증산(甑山)이다. 그가 자신이 태어나고 자랐던 곳의 뒷산 이름을 따서 지은 호다. 평야 지대에 솟은 자그마한 산을 가리키는 '시루산'이라는 지명은 우리나라의 곳곳에서 발견되는 비교적 친숙한 산 이름이다. '증(甑)'은 '시루'라는 뜻이다. '시루'는 "솥 위에 올려놓고 떡·쌀 등을 찌는 데 쓰는 둥근 그릇"이다. 시루는 바닥에 있는 구멍을 통하여 뜨거운 증기가 올라와 시루 안의 음식이 쪄지게끔 되어있다. 증산의 '증(甑)'이 바로 시루를 가리키는 말이다.

증산이 자신을 가리키는 호로 시루를 택한 데에는 아마도 "모든 사상과 이념을 통합하여 쪄서 새로운 것으로 만들자"라는 그의 생각이 깊이 반영된 것 같다. 시루에 떡과 쌀을 찔 때는 다양한 잡곡과 쌀 등이 들어가 함께 어울려 새로운 질적인 변화를 상정하기 위해 '찌는' 과정을 반드시 거쳐야 한다. 기존의 온갖 사상과 이념의 조각들을 한 시루에 넣고 쪄서 새로운 사상으로 승화시키는 일이 증산이 지향한 바다. 인류사에 있었던 수많은 생각과 다양한 주장들의 핵심을 모두 함께 버무려 '새' 사상을 만들고자 함이 증산이 바라던 일이다. 증산은 다양한 기존의 사상들을 흡수하여 자신만의 잣대로 새롭게 재고, 자신만의 고유한 방식으로 재평가하여 나름대로 독창적인 사상을 제시한 위대한 인물이다. 그리고 증산은 그의 아호만큼이나 새로운 방법으로 지난 역사에 있었던 인류의 온갖 사상을 재해석하고 종합한 천재적 인물이다.

과연 어떤 측면에서 시루가 상징적인 의미뿐만 아니라 새 사상의 공작틀로 작용했는지를 증산의 독창적인 사상을 개괄적으로 살펴보면서 알아보는 일이 이 책이 지향하는 목표다. 증산의 가장 핵심적인 주장은 "천지공사(天地公事)를 집행한다"라는 말이다. 하늘과 땅의 질서와 원리를 자신의 손으로 직접 재구성하고 결정짓는다는 실로 파천황적인 주장이다. 물론 여기서 새 세상을 건설하기 위한 프로그래밍의 주도자는 증산 자신이다.

이러한 천지공사를 위해 증산은 기존의 모든 사상의 '엑기스', 즉 진액(津液)을 뽑아 모아 새 문명의 기초로 삼는다고 강조했다. 따라서 '엑기스'를 만드는 일이 바로 증산의 아호인 '증(甑)'이 뜻하는 바다. 사상 통합의 주체는 증산이며, 새로운 이상사회의 건설을 위한 프로그래밍의 주도자도 증산 자신이다. 지난 모든 사상들의 핵심을 모아 새로운 사상의 재료로 삼는 일이 증산이 목표한 일이다. 이를 위해 증산은 시루의 '찌는' 일의 중요성을 강조했고, 그 상징적 측면을 취하여 자신의 아호로 삼았던 것이다. 따라서 '증산(甑山)'은 '사상의 통합자' 내지 '사상의 통일자'를 뜻한다. 인류 구원이라는 위대한 목표를 이루기 위해서는 먼저 지난 역사에 있었던 온갖 분열되고 나눠진 채 전승되는 사상들의 핵심을 한데 모으는 일이 필요하다는 입장이다. 분열된 것은 힘이 없다. 다양함은 약하다. 그러나 나눠진 다양한 사상의 '엑기스'를 모아 새로운 차원의 질적 변화를 꾀한다면 그 새 사상은 인류 구원을 위한 정답과 명약이 될 수 있을 것이다.

한편 '배[선(船)]'는 "물에 띄우는 운송수단"이다. 이쪽 기슭에서 저쪽 해안으로 건너가는 일에 반드시 필요한 물체다. 이쪽 땅에서 저쪽 땅으로 건너가는 데 필수적인 운송매체인 '배'는 속(俗)된 세상에서 성(聖)의 세계로 건너가는 구원의 상징이다. 따라서 '배'는 여러 종교의 교리체계에서 흔히 구원의 방법 또는 구원행 자체를 뜻한다. 특정 종교에서 이야기되는 '배'를 탈 수 있는 자격을 갖추는 일이 그 종교의 교리를 믿고 따르는 일의 핵심이다. 구원되는 것 또는 구원행의 실제적 권리를 얻는 일이 구원선(救援船)에 오르는 일이며, 그 배의 표를 구하는 일이다.

　　그리고 '배'는 미지의 세계를 향해 간다는 의미를 담고 있다. 그 배가 도착하는 곳은 과거의 세상과는 전혀 다른 새로운 세상이라는 상징성을 지닌다. 증산이 주장한 '배'는 지나가고 낡은 선천(先天)에서 다가올 새로운 후천(後天)으로 건너가는 이섭대천(利涉大川)의 '큰 배'다. 큰 내를 건너가기 위해서는 큰 배를 타야 한다. 낡고 작은 배는 타는 사람을 불안하게 만든다. 크고 안전한 새 배를 타야 한다. 결국 '배'는 불확실한 미래에 대한 무한한 희망을 제시한다. 그러나 뱃길에는 풍파가 따르기 마련이다.

　　증산이 강조한 '배'는 '남조선(南朝鮮) 배'다. 남조선은 곧 다가올 이상사회를 상징하는 용어다. 가까운 미래에 올 것으로 확신하는 이상을 남조선이라는 말로 집약시켰던 우리 민중들의 오랜 역사가 깃들어 있는 용어다. 온갖 환란과 어려움을 이겨내고 장차 이루어질 이상향인 남조선으로 가는 배에 타는 일이 당대와 이 시대의 핵심 화두(話頭)가 되었다. 이상을 현실에서 실현하는 일이 '남조선 배'를 타는 일로 비유되었다. 이 '남조선 배'를 타기 위해서는 그 배를 탈 자격을 제대로 갖추어야 한다. 그 '배'는 몸과 마음을 정화하고 새로운 사상으로 똘똘 뭉친 새 정신을 가져야 비로소 탈 수 있는 구원의 배다. 따라서 '남조선 배'는 선천에서 후천으로 넘어가 새 세상을 찾아가는 개벽의 구원선(救援船)이며, 극락세계로 가는 반야용선(般若龍船)이다.

흔히 '일만 이천 명의 도통군자(道通君子)'가 탈 것으로 기대되는 '남조선 배'는 바야흐로 자격이 있는 승객들이 하루빨리 타기만을 고대하고 있다. 스스로 자각과 확신을 거쳐 새로운 생각과 도덕을 갖추어 바람직한 비전으로 무장한 도통군자가 되는 일이 바로 '남조선 배'의 승선권이다. 그 배의 승선권은 타인의 선물이나 혜택으로 주어질 수 있는 것이 아니다. 오직 스스로의 노력과 힘이 요구된다. 이 배는 무임승선이나 새치기도 거부한다. 남의 도움이 아니라 나 스스로의 땀 흘림과 자각으로만 구할 수 있는 '남조선 배'의 승선권은 구하기가 무척 어렵다. 그러나 그 승선권을 구하는 기회는 누구에게나 열려 있다. '남조선 배'를 타고 싶은 욕구를 가지고 그에 합당한 절차와 자격을 갖추어야 할 것이 분명하다.

결국 '시루'와 '배'는 '통합'과 '구원'의 상징이다. 어떻게 기존 역사의 온갖 다양한 사상을 한 군데에 통합시킬 것이며, 어떠한 방법으로 스스로 구원할 것인가의 문제다. 이에 증산은 나름대로 통합의 원리를 통해 새로운 사상을 제기했으며, 인간 구원을 위한 독특한 제안을 세상에 던졌다. 이제 그 사상과 제안이 어떤 모습인지를 개괄적으로 알아보고, 현재를 사는 오늘날의 우리에게 증산사상이 갖는 역사적 의미와 맥락을 고찰하여 시루에 쪄지는 고통을 인내하고 구원의 배에 탈 승선권을 얻어보도록 하자.

어느 역사적 시점의 제약된 정보나 지식에 입각하여 형성되고, 그때의 특수한 필요에 부응하기 위해 만들어진 일정한 교리체계를 영원불변한 진리 자체라고 여기면 곤란하다. 증산 교단에는 지금까지 수많은 교파가 성립되어 전개되었고, 현재에도 다양한 형태의 증산신앙이 제기된다. 그렇지만 무엇보다도 증산의 참된 정신을 되살리는 일이 중요하다. 증산이 보여준 말과 행동의 진정한 뜻이 과연 어떠한가를 현재의 관점에서 살펴보는 일에 집중하여, 그 역사적·종교적 의의를 파악하는 일이 관건이다. 바로 이러한 맥락에서 이 글은 서술될 것이다. 증산신앙의 여러 양상을 알아보는 일은 차후의 문제다. 다소 거칠게 펼쳐지지만 증산사상의 알맹이를 건지는 일이 보다 중요하다고 여기고 이 글은 쓰였다.

증산을 '곧 오실 상제님 또는 하느님'으로만 생각하고 믿는 일은 지양되어야 할 것이다. 미래 중심적 시각에서의 증산상(像)을 지나치게 강조하게 되면, '지금 이 순간' 우리 중에 임하시는 증산, 이미 나와 함께 계시는 증산, 언제나 내 속에 계시는 증산, 매 순간 내게 말씀해주고 내 길을 인도해주시고, 남을 살리는 일에 힘쓰라고 속삭이는 증산의 '현재적 측면'을 소홀히 하게 되는 것이 아닌가? 즉 '자리를 벗어난 증산'상에 빠질 위험이 있는 것이다.

이런 증산상은 초기 증산교단사에서 있었던 모습임은 틀림없다. 그것은 다양한 증산상 가운데 하나였으며, 그 특수한 시대에 절박하게 요청되었던 증산상이었다는 사실을 기억할 필요가 있다. 그러나 이러한 시대를 지난 현재에는 더 이상 '곧 오실 증산'을 대망(待望)하기만 하는 신앙은 필요하지 않다. '지금 이 순간' 내가 증산의 가르침을 몸소 실천하는 일에서 증산신앙의 활력이 증강되고 강조되어야 할 것이다. 증산신앙의 본질은 '때'를 기다리거나 '개벽'의 옴을 간절히 소망하는 일이 아니다. 스스로 '개벽하는' 사람이 되고, '개벽을 실천하는' 일꾼이 되는 일이 요청되며, '개벽일꾼이 되어가는' 일이 시급히 필요하다. 요컨대 '지금', '여기', '나'의 개벽이 필요하다.

이 글은 신앙 대상으로서의 '증산 상제'나 '증산 하느님'에 대한 이야기가 아니라, '역사적 인물 증산'에 대한 이야기에 주목한다. 그리고 이 글은 지적 유희를 제공하기 위한 이야기도 아니다. 개인의 궁극적 '변화'를 주어 '행동'으로 옮기도록 하자는 이야기다. 우리 속에 있는 무한한 잠재력을 일깨우는 것이 목표다. 따라서 이 글은 우리의 의식구조와 가치관이 바뀌어 우리의 삶을 더욱 풍요롭고 자유스럽게 하는 데 '증산 이야기'가 절대적 힘을 가졌다라는 입장에서 서술된다. 증산의 삶과 가르침은 오늘을 사는 많은 증산교인들에게 삶의 의미를 주는 역할을 일정하게 수행하고 있다. 과연 그에 대한 평가는 어떻게 내릴 것이며, 그들의 신앙과 믿음이 가지는 역사적이고 종교적인 의미는 어떠한가를 알아보는 작업의 일환으로도 이 글은 쓰였다.

요컨대 '역사적 인물인 증산'과 '신앙 대상으로서의 상제'를 구별하는 일이 요청된다. '역사적 인물 증산'과 '신앙과 믿음의 대상인 구원자'의 구별이 필요하다는 말이다. 증산에 대한 정확한 이해와 해석을 위해서라도 우리는 먼저 역사적 인물로서의 증산을 제대로 보아야 한다. '상제 증산', '하느님 증산'은 신앙과 신비의 영역에 속한다. 이는 개인이 가지는 신념의 문제다. 따라서 개개인의 선택과 자유에 맡겨야 한다. 증산이 구세주(救世主)이며 하느님 또는 상제라는 '믿음'은 개인이나 집단의 '신앙고백'일 뿐이다.

따라서 우리는 무엇보다도 증산교단의 역사를 통해 형성된 증산에 대한 믿음 이전의 자연인으로서의 증산에 우선 주목해야 한다. '증산에 대한 믿음'보다 '증산의 믿음'을 더욱 중요하게 생각해야 한다. 여기서 증산이 스스로 선택한 삶이 중요하다. 증산이 과연 어떠한 생각을 했고, 어떤 가치관을 지녔고, 무슨 행동을 했으며, 무엇을 가르쳤고, 어떻게 죽었는가 등의 기본적인 물음에서 출발하는 '역사적 인물 증산'을 살펴보는 일이 매우 중요하다. 증산은 단순한 영적 지도자였는가, 아니면 하느님이었나? 이에 대한 답변은 이 글에서는 할 수 없는 문제다. 다양한 모습으로 제시되는 증산신앙은 후대에 '교단'이 성립된 이후에 오랫동안 형성된 신념체계와 믿음이기 때문이다. 이에 대해서는 별도의 글을 준비하도록 하겠다.

어쨌든 증산은 1901년 7월에 '성도(成道)'한 이후 1909년 6월에 '화천(化天)'할 때까지의 9년의 공생애(公生涯)의 기간 동안 '천지공사(天地公事)'를 행했다고 믿어진다. 증산은 이러한 천지공사를 통해 무엇을 이야기하고자 했는가? 바로 이것이 이 글이 가진 근원적이고 근본적인 물음이다. 세부항목을 통해 증산의 말과 자취를 알아보도록 하자.

증산에 대한 '역사적 기록'은 거의 없다. 다만 믿음의 기록, 믿음에 의한 기록, 믿음을 위한 기록들이 전할 뿐이다. 증산에 대해 객관적으로 쓴 역사적 문헌은 더더욱 없다. 철두철미 후대인들의 신앙고백서 성격을 지닌 기록들이 전할 따름이다. 따라서 오늘날의 시점에서 우리는 그 종교적 의미를 파악하고 전달하여 우리 자신을 '변화'시키는 일에 몰두해야 한다. 종교적 진술은 믿음과 확신에 대한 '고백'이다. 종교적 믿음은 역사적 사실에 좌우되는 것이 아니다. 더욱 발전적이고 더욱 깊은 해석을 시도하여 그것을 읽는 사람을 '변화'시켜야 할 것이다.

시간이 흐르면서 '역사(歷史)'와 더불어 '역사(役事)'하는 '역사적 인물 증산'은 점차 전지전능(全知全能)한 추상적 믿음의 대상인 '상제 혹은 하느님'으로 바뀌어갔다. 그렇지만 신앙이나 숭배의 대상이 아닌 증산이라는 위대한 한 인간의 삶과 그가 이루어낸 신선한 발상을 알아보는 일이 필수적이며 먼저 요구된다.

'증산 이야기'는 한마디로 '기쁜 소식'이자 '복된 소식'이다. 이는 인류정신사에 하나의 획기적인 사건으로 기억될 것이다. "곧 새로운 시대가 온다. 따라서 새로운 시대에 걸맞게 우리 스스로 변해야 한다"라는 것이 증산의 핵심 가르침이다. 지금까지 일부 증산교단에서는 시한부 종말론과 연계된 헛된 믿음이 강조되어 사회에 불안 심리를 심화시킨 일도 있었다. 그러나 증산신앙의 본질은 '복음(福音)'이다. 증산사상은 시대의 본질적 변화와 그에 따른 '인간의 완성'을 지향하는 새로운 가르침이다. 증산에게 있어서 이 복음이라는 것은 인간을 구속하는 소식이 되어서는 안 된다. 그렇다면 '기쁜 소식'이 될 수 없다. 복음은 사람에게 '자유'를 가져다주는 것이어야 한다. 복음이란 구태의연한 기존 체계에 인간을 복속시키는 것이 아니라, 인간을 새롭게 태어나게 만드는 것이어야 한다. 이 '새롭게 태어남'이라는 인간의 실존적 명제가 바로 증산이 주장한 '개벽(開闢)' 즉 '새롭게 열림'의 궁극적 의미였다.

증산에 대해 이야기하는 일은 결국 자기 스스로에 대한 성찰과 이야기다. 자기의 삶에 새로운 의미와 희망을 불어넣어주는 증산의 생각과 가르침이 중요하다. '증산 이야기'는 이미 지나가버린 단순한 옛날 이야기가 아니라, 오늘을 사는 나의 삶의 의미와 구체적 방향을 잡아주는 참된 가르침이 되어야 할 것이며, 자신과 세계를 바라보는 바람직한 안목을 제공하는 데 그 본래의 의미가 있을 것이다.

증산은 생전에 교파나 교단을 형성한 일이 없었다. 단지 증산의 가르침을 따르는 무리들인 '종도(從徒)'가 있었을 따름이다. '종도'는 증산을 믿고 받드는 무리인 '신도(信徒)'가 아니다. 증산이 행한 천지공사(天地公事)에 '참여'한 사람들이 각 시기와 장소에 따라 그때그때 선택되었을 뿐이다. 증산이 이 세상을 떠난 후에 그를 상제(上帝), 하느님, 미륵불(彌勒佛), 후천(後天)의 천황씨(天皇氏) 등으로 숭앙하는 여러 교단이 제각기 형성되어 받들어지고 믿어졌을 뿐이다. 증산은 결코 교단을 만든 적이 없었다. 따라서 증산을 증산교 혹은 증산교단의 창설자라고 부르는 일은 역사적 사실이 아니므로 삼가야 한다. 교단의 숭앙을 받는 교조(教祖)나 교단의 창시자(創始者)라는 표현은 가능하다. 증산은 증산사상 또는 증산신앙의 근거가 된 가르침을 내리고 이를 행동으로 보여준 인물일 따름이다. 특정한 형태나 조직을 갖춘 교단을 창시하여 우러름을 받거나 교단의 도움을 받아 생활하지 않았다는 말이다. 증산은 종교적 행위인 '천지공사'의 집행자로서 자신의 임무를 묵묵히 행하고 간 인물이었음을 명심해야 하겠다.

지금은 '증산 이야기'를 둘러싼 그 역사적 · 종교적 의미를 묻는 학문적이고 이성적인 작업을 시도해야 할 시점이다. 이를 위해서는 '해석의 자유'라는 인간 이성의 자율성을 제고시켜야 할 것이다. 먼저 '증산교단의 신앙'을 연구의 대상으로 삼지 않고, 여러 경전 기록들에 실린 '증산의 삶과 생각'을 오늘날의 입장과 관점에서 연구대상으로 삼아야 한다. 이를 위해서는 증산교단의 여러 경전들에 대한 문헌 분석작업이 기초가 되어야 할 것이다. 증산의 생애에 대한 최초의 기록은『증산천사공사기(甑山天師公事記)』(1926)다. 이를 보완하고 종교적 경전의 형태로 간행한『대순전경(大巡典經)』(초판은 1929년, 현행 판본인 6판은 1965년에 발행)은 증산의 삶과 생각에 대한 가장 오리지널한 기록이다. 따라서 이 글은『대순전경』6판을 중심으로 서술한다.

그리고 이 글에서는 증산에 대한 신화(神話)를 걷어내고 서술한다. 신화를 제거하는 것이 아니라 '해석'하고자 노력한다. 이는 신화에 대한 그 실존적 의미를 묻는 일이기도 하다. 이러한 작업을 통해 우리는 보다 확실한 문헌적 근거가 있는 '사유의 체계적 소산'을 발견해야 할 것이다. 증산의 생각이 갖는 신선함을 날것으로 살펴보는 일이 이 글이 지향하는 바이다.

한편 증산은 무엇보다도 새롭고 희망적인 시대와 세상의 도래를 선포한 인물이다. 그는 '지상천국(地上天國)의 도래'를 일정하고 체계적으로 전망했고, 그러한 일을 실제로 주도하고 설계하는 청사진을 마련하는 '천지공사(天地公事)'라는 종교적 행위를 행했던 사람으로 기억되고 전승된다.

그리고 증산은 앞으로 인간은 누구나 신적(神的) 존재가 되는 세상이 될 것이라고 예언했다. 그는 장차 인간이 궁극적으로 완성되는 시대가 전개될 것이라고 약속했다. 증산은 죽음 이후에 올 것이라고 믿어지는 천국을 철저하게 거부한다. 인간이 살아가는 바로 이 세상에서 이상사회가 이루어질 것이라고 강조했다. 증산은 이 땅에 인류가 오랫동안 바라기만 했던 그 이상향을 이제는 직접 이루어나가자고 주장한 위대한 인물이다.

증산은 자신이 살던 시대가 바로 우주의 대변혁과 거대한 전환이 시작되는 시점이라고 선포하였고, 이를 주도한 장소로 우리 민족이 살아가던 한반도를 선택했다. 증산은 기존의 인류 역사에 대한 새로운 해석을 내린 종교적 사상가이다. 그가 주장하고 강조한 '개벽(開闢)'은 '새 세상의 열림'이다. 현세의 종말은 기존에 알고 있던 시간과 공간의 종료를 의미한다. 지난 시대와 낡은 세상은 지나가고 바야흐로 새 시대와 새 세상이 지상에 세워질 것이라는 전망이 개벽의 진정한 의미다.

또한 증산은 인류사에서 개벽사상을 자신의 독창적인 관

점에서 집대성하여 새롭게 선포하고 천지공사라는 종교적 행위로 실행한 인물이다. 개벽사상은 우리나라에서 창안되고 집대성되어 여러 해석이 내려진 고유한 사상체계다. 세상과 역사의 시작을 뜻하기만 했던 중국에서의 개벽이라는 용어가 우리나라에 들어와서는 새 세상과 문명의 찬란한 여명과 열림이라는 의미를 지니고 다양하게 전개되었다. 수운(水雲) 최제우(崔濟愚, 1824-1864)의 '다시 개벽'사상과 일부(一夫) 김항(金恒, 1826-1898)의 후천개벽(后天開闢) 사상이 증산에게 계승되어 천지공사를 통한 후천개벽 사상으로 정립되는 것이다. 이러한 증산의 후천개벽사상은 이후 원불교를 세운 소태산(少太山) 박중빈(朴重彬, 1891-1943)에게 이어져 정신개벽(精神開闢) 사상으로 전개된다. 따라서 증산은 한국의 독창적인 개벽사상의 성립과 전개과정에 있어서 중요한 한 인물이다. 한국사상의 독창성과 고유성을 주장하는 일에 한국 신종교의 개벽사상이 가지는 중요성은 결코 무시할 수 없다.

그렇지만 증산이 주장하고 강조한 후천개벽사상을 절대적 신념체계로만 이해해서는 결코 안 된다. 왜냐하면 인간의 구체적인 변화와 행동을 요구하는 정신적 각성과 종교적 명령이기 때문이다. 후천개벽은 인간 스스로의 실천적 결단을 요구한다. 개벽이 어느 날 갑자기 뚝 떨어지듯이 오는 특별하고 특수한 사건이 아니라, 나와 우리가 함께 '개벽하고' '개벽하는' 말과 행위를 할 때 비로소 그토록 염원하던 개벽의 날은 차츰차츰 밝아올 것이다. 증산은 시루에 쪄지는 인내와 고통을 그 자신의 아호에서 이미 예감하고 밝혔다. 그리고 증산은 나 혼자만의 구원이 아닌 수많은 다수의 구원을 강조하는 '남조선 배'의 도수를 정하고 집행했다. 남조선으로 가는 뱃노래에는 많은 이들의 땀과 눈물이 배어있을 것이다. 뱃노래를 즐겨 불렀다는 증산은 모두 다 함께 스스로 구원받는 새 세상을 꿈꿨다.

1부

새 세상이 온다

　"후천(後天)에는 천하가 한 집안이 되어 조화(造化)로써 중생을 다스릴 것이다. 벼슬아치는 직품에 따라 화권(化權)이 열리니 분수에 넘치는 폐단이 없고, 백성들은 원통과 한(恨)과 상극(相克)과 탐욕과 음란함과 노여움과 모든 번뇌가 그칠 것이다. 세상에는 웃음소리가 그치지 않아 온화한 기운이 넘치며, 인간들이 도덕에 합하여 쇠병사장(衰病死葬)이 없어져서 불로불사(不老不死)할 것이며, 빈부(貧富)의 차별이 철폐되고, 온갖 음식과 좋은 옷이 요구하는 대로 있을 것이며, 사람들의 자유 욕구에 따라 신명(神明)들이 심부름할 것이며, 인간들의 지혜가 밝아져 과거, 현재, 미래의 모든 일을 통달하며, 수화풍(水火風)의 삼재(三災)가 없어지고, 상스러움이 넘치는 청화명려(淸和明麗)한 지상낙원(地

上樂園)으로 화(化)하리라."

증산은 곧 후천이라는 지상낙원 세계가 이 땅에 세워질 것이라는 희망적인 예언을 통해 새로운 미래를 전망한다. 그는 우리 역사의 앞날에 벅찬 희망을 제시했다. 이는 장차 근원적으로 온갖 사회적 모순과 부조리가 해결되는 진정한 의미의 새 시대와 세상이 우리 앞에 전개될 것이라는 발상의 거대한 전환을 도모한 사상이다. 구체적으로 증산은 우리 민족의 역사적 가능성에 대한 깊은 믿음을 바탕으로 담대한 전망을 시도했다. 이처럼 증산은 역사의 진행 방향을 긍정적으로 보고 나름대로 일정한 체계로 다듬어 전망한 다음 그 사상적 의미를 강조했다. 따라서 증산의 삶은 그 자체로 인류 역사에 있어서 하나의 '기쁜 소식'이다.

낡고 병든 선천(先天)이 지나가고 곧 새롭고 건강한 후천(後天)이 올 것이라는 종교적 전망을 시도한 증산은, 당대에 대한 암울한 평가와 부정적 이해를 도모했던 기존의 많은 주장에서 과감히 벗어나 전혀 새로운 차원의 새 시대에 대한 전망과 인식을 도모했다. 증산에 의해 비로소 이 세상은 새롭게 열리게 된 것이다. 새 시대의 벅찬 열림을 '개벽'이라는 용어로 집대성한 증산은, 개벽시대(開闢時代)의 선구자요 그 첫 출발을 가능케 한 실천가였다. 후천으로의 개벽은 증산이 주도하고 집행했다. 개벽시대에 걸맞은 새 정신과 이념을 제시한 인물인 증산은 새로운 생각으로 시대를 앞서 나아간 선각자가 분명하다. 따라서 증산은 새로운 발상과 탁월한 비전을 제시하여 인류 구원을 위한 공생애(公生涯)에 자기 삶을 온전히 던진 위대한 인물이다.

새 세상인 후천이 온다

"만고(萬古)의 원(冤)을 풀고, 상생(相生)의 도(道)로써 선경(仙境)을 열고, 조화정부(造化政府)를 세워 무위이화(無爲而化)의 다스림과 무언(無言)의 가르침으로 인간들을 변화시켜 세상을 고치리라."

증산은 인류 역사의 앞날에 미래와 희망이 있다고 주장했다. 그는 낡은 시대가 지나가고 곧 새 시대가 새롭게 열리리라고 전망했다. 증산은 지나온 시대를 선천(先天)이라고 불렀고, 다가올 시대를 후천(後天)이라고 규정했다. 그는 선천의 기존

질서와 원리가 무너지고, 후천의 새 질서와 원리가 수립되어, 인류는 앞으로 전혀 다른 차원의 새 세상을 맞이할 것이라고 예언했다. 증산은 이를 '후천개벽(後天開闢)'이라고 표현했다. 그는 후천이라는 새 시대의 가슴 벅찬 '열림'을 강조했다. 후천이라는 이상사회가 열림을 개벽으로 표현했고, 또 이상사회가 세워지는 일을 후천개벽으로 요약한 것이다.

또 증산은 후천에는 각종 문명 이기의 발전이 극에 달하고, 인간의 생활을 돕는 물건들이 많이 생산되고, 인간이 노동의 힘을 적게 들여도 수확이 많아질 것이며, 장차 천하가 한 집안이 될 것이며, 각종 형벌제도가 철폐되어 이상적인 정치가 이루어질 것이고, 사람들의 탐욕과 음탕함과 노여움과 번뇌가 사라질 것이며, 빈부의 차별이 철폐될 것이고, 궁극적으로 인간의 지혜가 엄청나게 발달하여 청화명려한 낙원이 될 것이라고 예언했다.

"이제 말세(末世)를 당하여 앞으로 무극대운(無極大運)이 열리나니, 모든 일에 조심하여 남에게 척을 지지 말고, 죄를 멀리하여 순결한 마음으로 천지공정(天地公庭)에 참여하라. 나는 삼계대권(三界大權)을 주재(主宰)하여, 조화(造化)로써 천지(天地)를 개벽(開闢)하고, 불로장생(不老長生)의 선경(仙境)을 열어, 고해(苦海)에 빠진 중생을 건지려 하노라."

무엇보다도 증산은 앞으로 새로운 세상이 인류 앞에 전개되는 '개벽(開闢)'이 이루어진다고 주장했다. 따라서 증산은 인류사 최초에 있었던 개벽과 맞먹는 차원의 '다시 개벽'이 있어 장차 전혀 새로운 차원의 새 세상이 전개될 것이라는 담대한 전망을 일정하게 시도한 인물이다. 그는 이상적인 후천 세상의 모습을 여러 각도에서 구체적으로 표현하고 있다. 물질적 축복은 물론이고 정신적 차원의 근원적 변혁이 이루어져 인류는 새로운 차원의 세계에 진입하리라고 전망한다.

이처럼 증산은 곧 문명의 패러다임이 질적으로 변하는 대변혁이 이루어질 것으로 전망했다. 나아가 증산은 인류가 저질러온 온갖 대립과 갈등을 과감히 넘어 이제 모두 함께 화합과 공존의 개벽시대를 열어가자고 권유했다. 새 시대에 맞는 새 정신과 이념으로 무장해야 한다는 사실을 강조한 셈이다.

'확신'이 곧 개벽이다. 새 세상의 열림은 새로운 인식과 실천을 지닌 새 인간에 의해 비로소 가능할 것이다. 보다 적극적이고 능동적으로 자신의 운명을 스스로 개척해나가는 자세가 개벽시대에 요구되는 새로운 인간상이다. 그리고 개벽은 거역할 수 없는 역사의 흐름이며 필연이다. 이러한 개벽시대에는 사유적이고 명상적인 정체된 삶이 아니라 실천적이고 활동적인 활발한 삶이 요구된다. 새 술은 새 푸대에 담아야 한다. 새 세상의 다가옴과 열림은 그를 주도하는 인간의 실천과 행위에 달려 있다. 증산은 새 세상의 열림을 주장하고 강조했다. 이제 그 세상을 열리게 하는 구체적인 일은 오로지 그를 따르는 인간들의 몫과 역할로 남겨져 있다.

그리고 증산의 개벽사상은 단순한 물리적 차원의 문제가 아니라 어디까지나 정신적 차원의 문제로 제기되었다. 새 세상의 열림 즉 개벽은 자각(自覺)이 선행되어야 하는 문제다. 그 자각을 바탕으로 하는 새로운 행동에 따라 새 세상은 이 지상에 조금씩 정착되고 열려나갈 것이 분명하다. 따라서 어느 날 갑자기 하늘에서 뚝 떨어지는 개벽은 지양되어야 마땅하다. 급히 먹는 음식은 체하기 마련이다. 증산은 인류 앞에 놓인 행복한 미래를 일정하게 전망하고 제시했다. 그 전망을 구체화하는 일은 그를 믿고 따르는 사람들의 실천에 달려 있다.

증산은 한 국가나 사회에 대한 전망과 예언을 시도한 인물이 아니다. 그는 전체 우주적 차원의 상상력을 발휘했다. 증산은 인류 역사의 처음을 의미하는 선천개벽과 맞먹는 새 차원의 우주질서가 새롭게 재편되는 후천개벽의 가능성을 제기하고 나름대로 체계화했다. 따라서 증산은 인류의 미래에 대한 강렬한 희망을 후천개벽이라는 용어에 집약시킨 위대한 인물이 틀림없다.

그리고 증산은 후천에 맞는 새로운 시대정신을 일정하게 정립하여 제시했다. 그는 후천이라는 새 세상의 구현을 위한 이념과 사상을 집대성한 인물로 기억된다. 증산은 인류에게 바람직한 비전을 제시했다. 반면 이를 구체화하는 작업은 우리들 평범한 인간들의 몫이요, 일로 남겨놓았다.

증산의 후천개벽사상은 인류의 미래에 대한 희망을 제공하는 사상이다. 증산은 "앞으로 무극대운(無極大運)이 열릴 것이다"라고 선언했다. 그는 새 세상이 올 것이라는 혁신적 생각을 개벽된 세상인 후천의 전개로 선포했다. 이는 인류 역사상 위대한 선포이자 혁명적 선언이다. 그리고 증산은 인류의 궁극적 완성을 향한 대서사시를 읊었고, 인류문명의 최종적 완성을 추구하고 촉구하는 사상을 정립한 인물이다. 요약하자면 증산의 후천개벽사상은 인류문명의 거대한 전면적 전환을 강조한 새 사상이다.

한편 증산은 "불로장생(不老長生)의 선경(仙境)이 열릴 것이다"라고 전망했다. 인간이 늙지 않고 오래 사는, 실로 신선(神仙)들이 사는 세상처럼 변할 것이라고 예언한 것이다. 마치 꿈과도 같은 이상향이 이 땅 위에 건설될 것이라는 엄청난 예언을 했다.

> "이제 혼란키 짝이 없는 말대(末代)의 천지를 뜯어고쳐 새 세
> 상을 열고, 비겁(否劫)에 빠진 인간과 신명(神明)을 널리 건져 각
> 기 안정을 누리게 하리니, 이것이 곧 천지개벽(天地開闢)이라. 오
> 직 내가 처음 짓는 일이라."

혼란한 말세의 하늘과 땅을 근본적으로 고쳐 새로운 세상
을 여는 것이 증산이 원했던 일이다. 이를 위해 증산은 불운과
위기상황에 처한 인간과 신명(神明)을 함께 구원하고자 노력했
다. 증산에 따르면 신적 존재인 신명도 인간과 마찬가지로 완
전한 존재가 아니다. 불완전하고 미완성된 존재에 불과한 신
명과 인간이 더불어 함께 구원받고 완성되는 새 세상의 열림
을 강조한 것이다. 증산은 자신의 이러한 일을 한마디로 '천지
개벽'이라고 불렀다. 하늘과 땅이 새롭게 열리는 일이 바로 천
지개벽이다. 증산은 한 국가나 사회의 진행방향이나 구원을
시도한 사람이 아니라, 전 우주적 차원의 구원과 완성을 추구
했으며 나아가 인간의 눈에 보이지 않는 신계(神界)의 구원과
완성까지도 도모한 인물이다.
　　증산은 이러한 천지개벽을 위한 자신의 천지공사(天地公

事)를 "오직 내가 처음 짓는 일이라"라고 선언했다. 증산은 자신 이외의 그 어떤 인물도 천지를 구원하고 완성하려는 시도조차 하지 않았다고 주장했다. 주체적이고 주도적으로 천지개벽을 이루려는 일을 자신이 비로소 최초로 시도한다고 강조한 셈이다.

또 증산은 "이제 하늘도 뜯어고치고 땅도 뜯어고쳐 물샐 틈 없이 도수(度數)를 짜놓았으니, 제 한도에 돌아 닿는 대로 새 기틀이 열리리라"라고 말했다. 물론 종교적 차원의 말이지만, 증산은 하늘과 땅으로 상징되는 온 우주를 '뜯어고치는' 성스러운 일을 역사상 처음으로 시도한다. 이는 정해진 질서와 절차를 의미하는 "도수를 짜놓았다"라는 표현으로 제시된다. 우주의 질서와 원리를 다시 정하는 일을 증산이 비로소 집행했다는 주장이다. 이처럼 증산은 자신이 짜놓은 새로운 도수에 따라 우주의 운행과 질서는 주어진 상황과 환경에 따라 흘러가다가 마침내 '새 기틀'을 열게 되리라고 전망한다. '새 기틀'의 열림은 곧 '천지개벽'이요 '후천개벽'이다.

증산은 "후천에는 천하가 한 집안이 되어 위무(威武)와 형벌을 쓰지 않고 조화(造化)로써 중생을 다스려 화(化)할지라. 벼슬아치는 분의(分義)에 넘는 폐단이 없고, 백성은 모든 번뇌가 그치므로 쇠병사장(衰病死葬)을 면하여 불로불사(不老不死)

하리라"라고 말했다. 후천이라는 이상사회의 정치, 사회의 전반적인 모습을 설명한 내용이다. 그런데 뒷부분에서 증산은 인간의 모든 번뇌와 고민이 없어지리라고 전망한다. 나아가 이에 근거하여 인간이 쇠약해지고 병들고 죽고 장사 지내는 일을 벗어나 늙지도 않고 죽지도 않게 될 것이라는 엄청난 예언을 시도한다. 불로불사는 오랜 인류의 꿈이다. 죽음의 극복은 그야말로 파천황적 선언이다. 어쨌든 증산은 후천이 되면 사람들이 죽지 않게 될 것이라고 예언했다. 온갖 질병과 죽음을 극복한 이상향이 건설될 것이라는 이러한 증산의 예언은, 그 실현 여부의 문제는 차치하고라도 인류의 궁극적 이상이 실현되는 일임은 분명하다. 어쨌든 증산은 인류의 마지막 꿈인 불사(不死)마저도 이루어지는 세상을 꿈꿨다. 그리고 그러한 세상은 반드시 올 것이라고 힘주어 말했다. 증산은 결코 죽음 이후에 전개된다고 믿어지는 사후세계에서의 구원에 대해서는 말하지 않았다. 지금 내가 발을 디디고 살아가는 바로 이 세상에서의 구원을 강조했다.

　　나아가 증산은 "모든 일은 인간의 자유 욕구에 응하여 신명(神明)이 수종(隨從)들리라"라고 전망했다. 후천이 되면 인간이 바라는 바에 따라 신적 존재들이 인간을 위해 심부름해주는 이상향이 세워질 것이라고 예언했다. 지난 역사에서 인간은 신 또는 신적인 존재를 떠받들고 숭앙하기에 바빴다. 신에게 굴종적이고 예속된 태도를 벗어나지 못하는 한계를 드러냈다. 그런데 증산은 이러한 생각을 근본적으로 파기하고, 장차 신에게 인간이 떠받들어지는 세상이 열릴 것이라고 전망했다. 신이 인간의 욕구와 명령에 따라 움직이는 '관계의 대역전'이 이루어지는 세상이 바로 증산이 꿈꾼 이상향이다. 후천이 되면 인간이 신을 부리게 될 것이라는 점이 핵심이다. 과연 이러한 증산의 전망과 예언이 이루어진다면 실로 인간은 바라는 모든 일을 마음껏 할 수 있을 것이다.

또 증산은 앞으로는 "지혜가 밝아서 과거, 미래, 현재 시방세계의 모든 일을 통달하리라"라고 전망했다. 인간들이 모두 밝은 지혜를 가져 지난 일과 당대의 일은 물론 앞으로 다가올 세계에 대해서도 모든 것을 알 수 있는 세상이 열릴 것이라는 말이다. 이는 인간의 정신이 궁극적으로 완성되어 과거, 현재, 미래를 통달하는 세계가 되리라는 주장이다.

증산은 "수화풍(水火風) 삼재(三災)가 없어지고, 상서(祥瑞)가 무르녹아 청화명려(淸和明麗)한 낙원(樂園)으로 화하리라"라고 말했다. 인간을 괴롭히는 재앙인 홍수, 화재, 태풍 등의 재난이 남김없이 사라져 상서롭고 맑고 온화하고 밝은 낙원세계가 될 것이라는 전망이다. 인간을 불편하게 만드는 수많은 난

관과 질곡들이 모두 사라져서 궁극적으로 이상적인 세계가 세워질 것이라는 말이다. 한마디로 말해 지상낙원(地上樂園)이 실제로 이루어질 것이라는 예언이다.

그리고 증산은 "앞으로 오는 좋은 세상에는 불 때지 않고 밥을 지어 먹으며, 손에 흙을 묻히지 않고 농사지으며, 도인(道人)의 집마다 등대 한 개씩 세우는데 온 동네가 크게 밝아 햇빛과 같으리라"라고 말하기도 했다. 증산의 이러한 전망은 오늘날 대부분 실현되었다. 옛날처럼 나무를 때서 밥을 짓지 않고 전기밥솥으로 식사를 준비하는 세상이 된 지는 이미 오래되었고, 흙을 묻히지 않고 각종 채소와 작물을 재배하는 새로운 농법이 개발된 것도 옛날 일이다. 또한 집집마다 마을마다 도회지의 곳곳에 전깃불이 밝혀지고 환한 가로등이 세워져 밤이 낮처럼 된 일도 이미 오래전에 이루어졌다. 이처럼 증산은 과학 문명의 발전에 힘입어 각종 문명 이기의 발달이 계속 이어지는 일을 후천이라는 이상사회의 건설과 긍정적으로 연관하여 설명했다.

한편 증산은 "기차도 화통(火筒)이 없이 몇만 리를 삽시간에 통행케 되며, 문고리와 옷걸이도 황금으로 만들며, 신도 금당혜(金唐鞋)를 신으리라"라고 말했다. 증산이 보고 직접 타보았던 증기기관차의 시대를 넘어서 고속철이 개발되어 운행된 것도 이미 오래전의 일이다. 다만 집의 문고리와 옷걸이가 황금으로 만들어지는 일은 오늘날의 현실에는 몇몇 갑부에게만 가능한 일이며, 금빛 장식의 화려한 신발을 신는 일도 극히 소수의 사람들에게만 허용되었을 뿐이다. 그러나 증산은 진정한 의미의 후천이 되면 인간은 누구나 이러한 일을 겪게 되리라고 전망했다.

증산의 "곡식 종자도 한 번 심어서 베어들인 뒤에 해마다 그 뿌리에 움을 길러서 거두어들이는 것이 생기리라"라는 말도 전한다. 이러한 증산의 예언적 전망은 과학의 발전과 함께 농업기술의 획기적 발전으로 이미 실현된 사안이다. 첨단과학 문명의 대표적 모습의 하나로 식량 문제의 해결이 도모되는 다가올 시대에는 지금보다 다양하고 획기적인 기술이 더욱 개발되리라고 예상할 수 있다.

증산은 민중이 오랫동안 갈망해왔던 세계의 궁극적인 모습을 개벽사상으로 정리하고 집약했던 인물이다. 그는 인류 역사의 위대한 전환점을 맞아 이제는 인간이 스스로 승화(昇華)시켜야 하는 때가 다가왔다는 종교적 선포와 선언을 주도했다. 그렇지만 증산은 객관적이고 물리적인 개벽이 아닌 주관적이고 주체적인 개벽이 요구된다고 설파했다. 나를 벗어난 객관의 세계에서 진행되는 개벽이 아니라, 나를 구체적으로 변화시키고 내가 새로이 태어나는 개벽이 먼저 이루어져야 한다는 주장이다. 진정한 의미의 개벽이 이루어지기 위해서는 내가 먼저 주체적으로 주도하는 개벽이 지향되어야 할 것이다. 나를 벗어난 동떨어진 객관세계에서 진행되는 개벽은 지금 이 세상을 살아가는 나에게 아무런 변화도 주지 못한다. 따라서 개벽은 나의 열림과 떨림으로 그리고 나의 변혁으로 다가와야 할 것이다.

증산은 인간을 둘러싼 환경의 근원적 변모에 대해 나름대로 전망하고 예언했다. 그러나 이러한 전망들은 인간의 역사가 진행되면서 예상된 점진적 변화의 모습이기도 하다. 여기서 중요한 점은 객관적 정세의 변화에 알맞은 주체적 역량을 갖추고 강화해나가는 일이다. 개벽시대의 객관적 열림은 진정한 개벽인(開闢人)으로서의 인식과 이에 걸맞은 행동으로 뒷받침되어야 할 것이다. 참된 개벽의 '열림'은 나의 '개벽하는' 구체적인 행위에서부터 시작되어야 할 것이다.

증산이 주장한 후천개벽의 핵심은 새로운 신천지(新天地)를 열자는 것이다. 우주적 질서에 발맞춰 신기원(新紀元)이 열리는 시점을 맞아 먼저 나 자신을 '개벽하는' 즉 '열어나가는' 일이 요청된다. 새 하늘과 새 땅은 저절로 열리는 것이 아니라 열린 마음과 자세에 힘입어 열려나가는 획기적 사건으로 전개되어야 마땅하다. 개벽은 객관적으로, 일방적으로 주어지는 사건이나 '결과'가 아니다. 개벽은 주관적으로, 주체적으로 '열어나가는 일'이며 점진적인 '과정'으로 진행될 것이다.

개벽은 결코 완성된 형태로 어느 날 갑자기 다가오는 것이 아니다. 공사(公事)의 진행과정에 맞춰 일꾼들의 힘에 따라 조금씩 이루어질 것이다. 이것이 바로 증산이 "개벽정신흑운월(開闢精神黑雲月)"이라는 시구를 통해 강조한 개벽시대의 기본이념이자 정신이다. 개벽의 정신은 검은 구름 뒤에 숨어있는 밝은 달과도 같다는 노래다. 검은 구름에 갇혀 밝은 달을 볼 수 없는 시기와 때에도 불구하고, 그 검은 구름의 뒤에서는 밝은 달이 조금씩이나마 계속해서 자신의 운행질서를 어김없이 진행하고 있다는 말이다. 따라서 증산이 주장한 개벽은 결코 어느 날 갑자기 오는 사건이 아니다. 개벽은 인간과 자연의 질서를 순리대로 따를 때 비로소 와지고 와야만 하는 당위적 과정을 상징하는 말이다. 증산이 주장한 개벽을 이러한 관점에서 이해할 때에 비로소 우리는 그의 개벽사상이 지닌 고귀한 가치를 오늘날에 재평가할 수 있는 올바른 시각을 확보할 수 있을 것이다.

그리고 증산이 말한 개벽은 단순히 기다리기만 해서 오는 세상이 결코 아니다. 개벽의 '새날'을 맞이하기 위해서는 그를 받아들이는 나 스스로가 먼저 모범적 행동을 실천해야 한다. 따라서 개벽은 기다려서 오는 세상이 결코 아니다. 개벽은 참여와 실천으로 만들어가고 열어가는 세상이다.

무엇보다도 증산은 "천지공사(天地公事)를 네 몸에 모시라"라는 적극적인 자세를 요구했다. 개벽하는 세상을 열기 위해 증산은 인간의 주동적 · 적극적 · 실천적 행위를 강조했다. '천지공사의 일꾼'의 자격으로서 인간은 스스로 '천지공사의 주인공'이 되어야 하며, 이러한 맥락에서 증산은 자신을 따르는 사람들에게 "천지공사의 이념을 계승하고 따르는 일을 주도적이고 주체적으로 하라"라는 종교적 명령을 내렸다.

스스로를 지고(至高)한 최고신(最高神)이라고 선언한 증산은 어쩌면 최초의 '개벽인(開闢人)'이다. 증산은 내가 바로 이 세상의 주인공이라는 확고한 신념을 바탕으로 삼아 우주에서 최령(最靈)한 존재가 바로 인간이라는 입장에 서서 이제 인간이 가장 높은 신적(神的) 존재라고 주장했다. 바로 이 점에서 증산은 다시 주목되어야 마땅한 인물이다. 나아가 증산은 앞으로 후천이라는 이상세계가 지상에 펼쳐지게 되면 기존에 인간이 섬겨왔던 신적 존재들이 오히려 인간들의 요구와 요청에 응해 심부름하게 될 것이라고 예언했다. 인간이 신을 부리고 지배하는 새 세상이 열릴 것이라는 전망이다. 인간은 후천을 맞이하여 주체적인 단독자가 되어 모든 일을 주도하고 결정해야 한다. 그러므로 증산은 "내가 곧 신이다"라는 주장에서 인간 존재 자체에 대한 재평가를 내렸던 위대한 인물로 기억되어야 하겠다.

앞으로는 좋은 세상이 전개될 것이다

"마음을 잘 닦아 앞에 오는 좋은 세상을 맞으라."

증산은 전면적으로 새로운 차원의 새 세상의 전개를 "앞에 오는 좋은 세상"이라고 역설했다. 그리고 증산은 이에 적응하고 주도할 새로운 이념과 사상을 일정하게 제시했다. 여기에는 불확정적이고 불확실한 미래가 있지 않다. 다만 미래에 대한 강렬한 희망과 갈망이 포함되어 있을 뿐이다.

증산은 "천지를 개벽하여 새 세상을 건설하리라"라고 말했다. 천지를 개벽하는 주체가 바로 증산 자신이다. 하늘과 땅으로 대변되는 인간을 둘러싼 환경과 우주를 변화시키는 존재가 바로 사람으로 오신 증산이 되는 것이다. 결국 '새 세상'은 사람을 둘러싼 환경의 변화로 저절로 오는 것이 아니다. 사람이 '건설하는' 즉 '만들어가는' 일이다.

또 증산이 말한 개벽은 종료나 종말이 아니다. 그가 말하고 주장한 개벽은 '새로운 시작'이요 '새 열림'이다. 즉 개벽은 희망의 사상이자 기쁨의 사상이다. 이러한 맥락에서 증산은 "선경(仙境)이 건설되리라", "나를 믿는 자는 무궁한 행복을 얻어 선경의 낙(樂)을 누릴 것이다", "무궁한 선경의 운수를 정하리니, 제 도수(度數)에 돌아 닿는 대로 새 기틀이 열리리라"라고 말했다. 바야흐로 신선(神仙)이 사는 세상이 곧 돌아올 것이라는 확신이자 전망이다.

또 증산은 "세계일가통일정권(世界一家統一政權)이 세워질 것이다"라고 말하여 후천개벽이 되면 전 세계가 한 집안으로 이루어지는 통일정권이 건설되리라고 전망했다. 정치적 차원에서 전 세계를 아우르는 새로운 정권이 세워지리라는 예언이다. 매우 구체적인 진술을 통해 전망했다는 점에서 기존의 다소 애매하게 제기되었던 예언사상들과 차원을 달리하는 대목이다. 증산은 곧 이 땅에 실제적인 '정권(政權)'이 세워져 그토록 바라던 '세계일가(世界一家)'의 이상이 실현될 것이라고 확언했다.

그리고 증산은 "후천에는 사람을 해롭게 하는 물건을 모두 없애리라"라고 말하며, 호랑이, 늑대, 벼룩, 모기 등 인간을 괴롭히는 온갖 동물들을 없애는 공사(公事)를 집행했다고 믿어진다. 이처럼 증산이 주장한 후천은 상당히 구체적으로 표현되는 곧 실현이 가능한 세상으로 다가온다. 증산의 이러한 공사 집행에 따라 세상에는 사람을 해치던 맹수들이 오늘날에는 동물원에 가서야 볼 수 있는 시대가 되었다고 믿어지기도 한다.

한편 증산은 "이때는 천지성공시대(天地成功時代)라"라고 말했다. 하늘과 땅으로 대표되는 우주(宇宙)가 완성되고 함께 성공(成功)하는 새 시대가 전개되리라는 주장이다. 인간을 둘러싼 우주적 질서와 공간인 하늘과 땅이 완전해지고, 이에 발맞춰 인간이 함께 진정한 의미의 완성이 실제로 이루어진다는 말이다. '성공'이라는 구체적 표현에서 그 실현의 가능성을 확신한 점이 확인된다. 그러나 증산이 주장한 개벽(開闢)은 단순한 '기다림'만으로 '열리지' 않는다. 내가 먼저 나서서 스스로 '열어나가야' 한다. 따라서 증산이 말한 '개벽'은 인간의 굳센 신념에 따른 점진적 전진으로만 비로소 구현이 가능한 새 세상이다. 하늘과 땅의 '성공'은 오로지 인간의 노력 여하에 달려 있다는 점을 강조한 대목이다.

증산은 하나의 새로운 사상을 출현시켰다. 증산의 후천개벽사상은 우주적 차원의 거대담론이다. 한 국가나 사회에 국한되는 사상이 결코 아니다. 우주적 차원의 전망을 시도한 증산의 위대성을 엿볼 수 있는 대목이다. 그리고 증산은 개벽사상의 확립과 전개를 주도하여 해원, 상생, 보은 등의 종교적 이념과 실천덕목을 인류 앞에 제시했다.

역사는 생명의 활발한 약동이자 끊임없는 과정이다. 바로 그 과정의 진행에 따라 인류가 꿈꿔왔던 이상사회는 점차 건설될 것이다. 이러한 역사의 도도한 물결에 갑작스러운 '도약'은 없다. 단지 끊임없이 이어지는 '흐름'이 있을 뿐이다. 이러한 맥락에서 증산의 천지공사는 역사의 흐름을 주도하고 집약하는 차원에서 제시되었다. 역사의 웅장한 물길을 조금씩 바꾸는 차원에서 증산의 천지공사가 가지는 진정한 의미를 찾아야 할 것이다.

또 증산은 웅대한 문명사적 통찰력을 제시한다. 그는 선천과 후천의 교대라는 차원에서 문명사적 거대담론을 시도했다. 이런 맥락에서 증산은 진정한 의미에서의 문명혁명의 가능성을 모색한 셈이다. 인류 앞에 놓인 미래는 문명의 종말이나 말세가 아니라 새로운 도약이자 완성으로 다가온다는 것이, 증산의 주장이 가지는 핵심이자 강조점이다. 따라서 증산이 주장하고 강조한 후천개벽은 민중의 구체적 삶에 녹아드는 개벽사상이라야 할 것이다. 증산은 이상적 미래는 하늘〔천(天)〕

또는 사후(死後)에 이루어지는 것이 아니라, 바로 이 땅의 현세(現世)에서 이루어진다는 생각을 체계적으로 전개하고 일정하게 제시했다.

상생(相生)의 문명이 전개될 것이다

> "선천(先天)에는 상극지리(相克之理)가 인간사물(人間事物)을 맡았으므로 모든 인사가 도의에 어그러져서 원한이 맺히고 쌓여 삼계(三界)에 넘침에 마침내 살기(殺氣)가 터져나와 세상에 모든 참혹한 재앙을 일으키느니라."

지난 시절을 상극의 이치가 다스리던 세상이라고 규정했다. 세상을 지배하는 질서 자체가 상극(相克)이었기 때문에 인간을 둘러싼 모든 일이 도리에 어긋나고 원한이 맺히고 쌓였고, 그 결과 살기가 되어 온갖 참혹한 재앙을 불러일으켰다고 진단한다. 증산은 병든 세상의 구체적 양상에 대해 상극의 이치가 원인이 되어 원한으로 발전하였고, 그 쌓인 원한들이 모여 살기로 변해 마침내 재앙으로 나타난다고 설명했다.

"이제 천지도수(天地度數)를 뜯어고치며 신도(神道)를 바로잡아 만고(萬古)의 원(寃)을 풀고, 상생(相生)의 도(道)로써 선경(仙境)을 열고 조화정부(造化政府)를 세워 하염없는 다스림과 말 없는 가르침으로 백성을 화하여 세상을 고치리라."

여기서 조화정부는 신(神) 또는 신명(神明)들의 회의체(會議體)를 가리키는 말이다. 증산은 최고의 지고신(至高神)이지만 단독이나 독단적 결정에 따라 모든 일을 결정하는 어리석음을 범하지 않는다. 이러한 증산의 조화정부는 '통일신단(統一神團)'으로도 표현된다. 세상의 온갖 도통신(道統神), 도통신(道通神), 문명신(文明神), 지방신(地方神), 만고역신(萬古逆神), 만고원신(萬古寃神)들이 함께 모여 천하사(天下事)를 결정짓는 회의를 거친다는 설명과 주장이다.

상극은 충돌과 다툼, 분열과 대립이다. 그에 반해 상생(相生)은 협력, 화해, 공존, 화합이며, 이타적(利他的)으로 서로 협력하는 사회를 지향한다. 상생을 위해서는 먼저 타인의 이익을 우선시하는 일이 요청된다. 증산이 주장한 다가올 후천은 상생의 도가 펼쳐지는 이상사회다. 따라서 후천이 되면 인간 생활양식의 근본적인 변화가 이루어질 것이다. 증산은 순수하고 사욕이 없는 이타주의(利他主義)를 강조했다. 그러나 상생이

무분별하게 남을 도와주자는 사상은 아니다. 상생은 계약이나 거래 관계가 아니다. 내 마음이 먼저 우러나서 '남 살리기'에 몰두하는 일이다. 증산에 따르면 서로 나누고 협력하는 새 세상 만들기가 후천 건설의 핵심이며, 그 귀중한 원리가 바로 상생이다. 상생이라는 반복적 상호작용에 의해서만 비로소 상극의 기존 문명과 질서를 근본적으로 변혁시킬 수 있을 것이다.

증산은 선천에서 후천으로의 거대한 문명의 대전환이 있으리라고 전망했다. 따라서 증산은 후천에는 상생이라는 새로운 시대정신이 전개되리라고 강조한 셈이다. 이는 낡은 견해와 닫힌 사상이 아니다. 내가 먼저 남을 살리고 도와주는 과정에서 진정한 의미의 후천 문명이 건설될 것이라는 주장이 요약되어 있다.

또 증산은 선천의 모든 문명의 진액(津液) 즉 엑기스를 뽑아 모아 그 핵심을 통합·종합한 새 문명사회가 건설되리라고 전망했다. 따라서 증산은 극단주의자가 아닌 통합주의자다. 나아가 증산은 다수의 선의(善意)가 뭉치고 합하고 그 정수(精髓)가 모이는 이상적 상태를 지향한다. 이는 다양성을 수용하고 수렴하는 자세이다. 온갖 선천 문명의 정수가 모여서 쪄지는 고통을 겪은 다음에 그 핵심만 추출하여 새로운 후천 문명의 자양분으로 삼는다는 말이다.

이러한 증산의 후천개벽은 객관세계의 급격한 변화로만 기다려서는 안 된다. 주관세계의 점진적 변화가 모색되어야 할 것이다. 따라서 증산이 강조한 후천개벽은 수동적 '기다림'이 아니라 능동적 '열어감'의 체계다. 따라서 후천이라는 새 시대에 걸맞은 새로운 시대정신을 가져야 후천에서 살아갈 수 있을 것이다. 그리고 증산의 후천개벽은 복고 지향의 과거 담론이 아니다. 오직 다가오는 내일을 향해 '열린' 문명이며, '지금, 여기'에서 발현하고자 하는 하나의 커다란 문명사적 사건이다. 그러므로 우리는 후천이라는 새로운 문명에 적합한 고유의 사유체계를 만들어가기 위해 노력해야 할 것이다.

　　조화, 상생, 화해, 협력, 일치의 새로운 문명과 이념이 전개되는 새 세상이 전개되리라는 것이 증산이 강조한 희망의 핵심이다. 요컨대 증산은 지금까지 인류를 괴롭혀왔던 온갖 분열, 갈등, 상극, 불일치의 상황을 극복하여 새로운 정신으로 무장한 '새 세상'이 벅차게 열릴 것이라는 희망을 제시한 위대한 인물이다.

사람이 궁극적으로 완성되는 시대가 열린다

"천존(天尊)과 지존(地尊)보다 인존(人尊)이 크니, 이제는 인존
시대(人尊時代)니라."

증산은 '인존시대'라는 독창적인 용어를 사용했다. 인존
시대는 인간이 우주에서 가장 존귀한 존재가 되는 시대가 올
것이라는 전망이 집약된 말이다. 즉 앞으로 오는 세상에는 인
간에 대한 인식의 전면적이고 총체적인 대전환이 이루어질 것
이라고 주장한 셈이다. 결국 증산은 인류문명과 문화의 근본
적 대혁명, 구체적으로는 '인간혁명'이 있을 것이라고 주장했
다. 인존시대 인간의 가장 큰 특성은 인간의 위상이 극히 높아
지고, 인간은 이에 따른 책임과 자유의지를 가진다는 점이다.
이는 인간의 '자율성'과 '주체성'을 극대로 강조한 사유체계다.
인간이 신(神), 불(佛), 선(仙), 귀(鬼) 등에 추종하거나 의지하는
일을 철저히 거부하는 새로운 생각과 관념이 집약된 생각이다.
장차 인간의 잠재력이 극대화되는 새 세상이 오리라는 것
이 증산이 주장한 '인존시대'의 핵심이다. 증산은 기존의 제한
되고 나약한 인간관을 벗어나 삶의 태도와 가치관의 근본적인
변화를 상정하는 새로운 세계관과 인간관을 제시했다. 기본적

으로 이전 세상에서는 볼 수 없었던 전혀 새로운 생각과 과감한 주장이다. 증산은 인간 자체를 새롭게 바라보는 발상의 대전환을 시도했다. 그리고 증산은 인류의 다가올 미래에 대한 낙관적 기대와 전망을 일정하게 제시했다. 즉 그는 앞으로 인간이 궁극적으로 완성되는 새 세상이 오리라고 전망했다. 증산은 인류 최고의 궁극적 목표인 '인간 완성'이 실제로 이루어져, 인간이 완전하게 되는 새로운 세상이 열릴 것이며, 장차 인간이 신적(神的) 존재들을 마음대로 부리는 시대가 전개되리라고 예언했다.

증산에 따르면 후천에는 "인간이 곧 신이다"라는 사유가 일상이 될 것이라고 한다. 기존의 선천(先天)시대에 인간이 신 또는 신적 존재에게 부여했던 모든 고귀함, 신앙심, 존경심, 신비감 등이 이제 새로운 시대인 후천(後天)을 맞이하여 인간이라면 누구나 신적 존재로까지 그 가치와 위상이 격상될 것이라는 예언이다. 이러한 증산의 생각은 '신인합일(神人合一)' 또는 '신인합발(神人合發)'이라는 용어로 표현되기도 했다. 앞으로는 신과 인간 사이의 진정한 합일이 이루어지고, 신과 인간이 함께 새로운 차원으로 승화하는 새 시대가 열리리라는 주장이다. 바로 이런 점에서 증산은 초월적 인격신과 신비의 장막 너머에 숨어있는 신을 철저하게 부정한다. 어디까지나 그는 우리 인간과 화합하고 만나는 살가운 신적 존재를 상정하고 있다.

인존사상을 한마디로 정의하면 '후천에는 인간 개개인이 누구나 신적인 존재가 된다'는 말이다. 그때가 되면 인간이 우러러보기만 했던 기존의 신에게 종속적이고 신의 억압을 받았던 신관(神觀)을 과감히 벗어나, 이제 인간인 나 스스로가 초월적 존재가 되어야 한다는 생각을 중심으로 전혀 새로운 차원의 존재로 변할 것이라는 주장이다. 따라서 증산이 강조한 후천에는 신과 인간의 완전한 합일로써 이루어지는 이상세계의 구현을 지향한다. 그렇게 되기 위해서는 무엇보다도 인간이 스스로 구원하고자 하는 적극적인 생각과 새로운 인식이 필요하며, 궁극적인 '인간 완성'을 향한 구체적인 행동이 요구된다.

인존시대는 '인간이 신(神)처럼 된 시대'를 뜻한다. 인간이 신이 된다는 말이다. 불멸, 행복, 신성(神性)은 이제 인간과 관련되는 덕목이 된다. 인간이 초인간(超人間)이 된다는 의미다. 이는 인간 자신의 삶의 태도 전반을 송두리째 바꾸어 새로운 삶을 살아가는 일을 의미하는 것이다.

증산은 인간이 궁극적으로 완전해지고 완성되는 새로운 세상인 인존시대(人尊時代)가 전개되리라고 예언했다. 그런데 인존(人尊)의 핵심은 자각(自覺)과 이에 따른 실천에 있다. 증산을 믿고 따르는 일이 중요한 것이 아니라, 증산의 새로운 생각과 새 사상에 눈을 열고 귀를 기울이고 이에 따라 세상에서 실천해나갈 때 비로소 인존시대라는 이상향은 우리 앞에 도래할 것이다. 따라서 인존시대의 '새로운 열림' 즉 '개벽(開闢)'은 인간 스스로의 주체적 자각과 자율적 실천에 달려 있는 셈이다. 자기 마음의 진정한 열림을 통해 비로소 인존시대가 다가올 수 있을 것이다. 여기에는 인간이 직접 새 세상을 스스로 열어젖히는 적극적인 행동이 요청된다. 그러므로 인존시대는 인간을 벗어난 타력(他力)에 의지하는 수동적인 구원이 아니라, 어디까지나 인간 자신의 자력(自力)을 통한 구원을 직접 행하면서 열어나가는 세계다.

그리고 증산의 주장에 따르면 후천이 되면 인간은 누구나 쇠병사장(衰病死葬)을 면하여 불로불사(不老不死)의 존재가 될 것이라고 한다. 선천의 나약하고 병든 인간이 아니라 굳세고 건강한 인간의 모습이 추구되며, 나아가 그는 인간이 늙지도 않고 죽지도 않는 참으로 이상적인 세상이 다가올 것이라고 예언한다.

증산이 강조한 인존시대의 핵심은 '스스로 깨닫고 실천하라'는 것이다. 신 또는 신적 존재에 의지하고 추종하는 태도를 과감히 버리라는 주장이다. 단순히 신적 존재를 믿고 따른다고 구원에 이를 수 있는 것이 아니다. 인간 존재의 진정한 의미를 파악하려는 생각과 행위를 통해 스스로를 구원하자는 주장이다. 이는 인간이 더 나은 삶을 살아갈 만한 씨앗을 스스로 발아시키라는 종교적 명령이기도 하다. 시간의 경과만으로는 결코 후천의 '새벽'을 불러올 수 없다. 스스로를 깨우고 깨어나는 순간이 바로 개벽의 '새로운 아침'이 밝아오는 시간이다.

한편 증산은 인간의 자각(自覺)에 기초한 문명의 대전환이 있을 것이라는 전망을 일정하게 제시했다. 자각은 인간성에 대한 굳건한 믿음이다. 인간의 문제는 오로지 자각과 실천을 통해 스스로 해결해야 한다. 이러한 맥락에서 인간은 자기 삶의 완벽한 주인이며, 유일한 책임자다. 이를 증산은 "천지무일월공각(天地無日月空殼), 일월무지인허령(日月無知人虛靈)" 즉 "하늘과 땅은 해와 달이 없으면 빈껍데기에 불과하고, 해와 달은 그를 알아주는 사람이 없다면 헛된 영(靈)에 불과하리라"라고 노래했다. 우주는 그 가치를 진정으로 알아주는 '사람'이 있어야 비로소 제대로 인식되고 이해될 것이라는 말이다. 객관적 세계의 존재는 주관적 주체가 있어야 진정한 의미가 있다는 주장이기도 하다.

증산은 인류 역사가 나아가야 할 바람직한 진로와 대의명분을 나름대로 제시한 위대한 인물이자 실천가다. 증산이 강조한 인존시대는 '봄'의 '신생(新生)'이 아니라 '가을'의 '완성(完成)'을 추구하는 사상이다. 이는 인간이 지극한 성인(聖人)이 되는 일을 지향하며, 완전한 사람과 완성된 인간이 되자는 새 사상이다. 증산은 인간을 누구나 신적 권능을 지닌 가능성의 존재로 보아 새로운 인간 이해를 도모했다. 그의 주장에 따르면 인간은 궁극적이고 이상적인 완성을 추구하는 위대하고 신성한 존재다.

원한이 없는 시대가 전개될 것이다

증산은 "인륜(人倫) 기록의 시초이며 원(冤)의 역사의 처음인 단주(丹朱)의 깊은 원을 풀면 그 뒤에 수천 년 동안 쌓여내려온 모든 원의 마디와 고가 풀리리라"라고 말했다. 중국의 전설적 제왕인 요(堯) 임금의 아들인 단주가 인류 역사상 처음으로 원한을 맺은 인물이라고 주장한 것이다. 아마도 최초의 비중이 있고 의미가 있는 원한을 가리키는 말일 것이다. 단주는 요 임금이 아들인 자신에게 나라를 물려주지 않았던 일에서 깊은 원한을 맺었던 인물로 묘사된다. 증산은 바로 이 단주의 깊은 원한을 풀어주면 이후의 오랜 역사에서 맺혔던 온갖 원한들이 조금씩 풀려나갈 것이라고 주장했다.

"태초에 원한이 있었다." 여기서 원한은 인간이라는 존재의 한계상황을 가리키는 말이다. "태초에 원한이 있었다"라는 증산의 인류사 초기의 역사에 대한 이해와 평가는 나름대로 독창적인 측면이 있다. 인류사를 '원한의 축적사'로 인식한 증산은 그 해결책으로서 단주가 맺은 최초의 원한을 풀어주는 종교적 행위를 이른바 '공사(公事)'의 중요한 한 부문으로 시도했다. 원한이 풀어져 없어지는 세상이 바로 증산이 지향하는 후천이다. 선천은 원한이 맺히고 쌓여 폭발할 지경에 이른 파멸의 역사로 점철되었다. 이제 다가올 후천을 위해서도 기존에 쌓여왔던 모든 원한은 조금씩 없어져야 할 것이다. 바로 이러한 맥락에서 증산의 해원공사(解寃公事)가 시도되었으며, 그 시작은 원한을 처음으로 맺은 대표적 인물인 단주로부터 비롯해야 한다는 주장이다.

증산은 "당요(唐堯)가 단주를 불초(不肖)하게 여겨 두 딸을 우순(虞舜)에게 보내고 드디어 천하를 전하니, 단주는 깊이 원(寃)을 품어 그 분울한 기운의 충동으로 마침내 우순이 창오(蒼梧)에서 죽고 두 왕비가 소상(瀟湘)에 빠진 참혹한 일을 이루었다"고 주장했다. 인류사의 초기에 원한이 맺히게 된 과정을 나름대로 설명하고 있는 대목이다. 아버지 요 임금이 아들인 단주에게 왕위를 물려주지 않고, 순(舜)에게 천하를 전했기 때문에 단주가 원한을 맺게 되었다는 말이다. 이어서 증산은 단주의 이러한 원한의 결과로 마침내 순 임금이 죽게 되었고, 뒤이어 남편인 순 임금을 따라서 아황과 여영이라는 요 임금의 두 딸이 소상강에 빠져 죽었다는 전설적인 이야기를 들려준다. 한 인간의 원한이 다른 사람을 죽음에 이르게 할 수 있는 강력함과 참혹함을 지녔다는 주장이며, 원한은 점차 확대 재생산되는 경향이 강하다고 설명한 것이다. 실제로 그러한 역사적 사건이 있었는지의 여부와는 상관없이, 원한이 생기고 그 원한에 의해 사람들이 죽음에 이르게 된다는 종교적 진실과 이해가 있다는 사실은 분명히 확인된다. 역사의 초기에 이미 원한이 있었고, 그 원한이 점차 확대되어 이어져왔다는 인식과 설명이다.

증산은 "이로부터 원의 뿌리가 깊이 박히고 시대의 추이(推移)를 따라 모든 원이 덧붙어서 더욱 발달하여, 드디어 천지에 가득 차서 세상을 폭파함에 이르렀다"라고 이야기를 끝맺는다. 단주의 원한이 빌미가 되어 결국 오랜 세월에 걸쳐 축적된 원한이 이제는 세상을 폭파할 수준에까지 이르게 되었다는 주장이다. 처음에는 작은 일에서 시작된 원한이 시간이 흐름에 따라 점점 걷잡을 수 없는 상태에 이르러, 마침내 이 세상을 모두 없애버릴 정도의 엄청난 파괴력을 가지게 되었다는 말이다.

나아가 증산은 "단주 해원(解冤)을 첫머리로 하고, 천하를 건지려는 큰 뜻을 품고 시세가 이롭지 못하여 구족(九族)을 멸하는 참화(慘禍)를 당하여 의탁할 곳이 없이 한(恨)을 머금고 천고(千古)에 떠도는 만고역신(萬古逆神)을 그 다음으로 하여, 각기 원통과 억울을 풀어, 혹은 행위를 바로 살펴 곡해(曲解)를 바루며, 혹은 의탁을 붙여 영원히 안정을 얻게 함이, 곧 선경(仙境)을 건설하는 첫걸음이니라"라고 말했다. 증산은 단주의 해원을 시작으로 삼고, 다음으로 만고의 역신(逆神) 즉 새로운 세상을 만들고자 반란과 역모를 일으키다가 실패하여 억울한 죽임을 당했던 많은 신명들의 해원을 시도한다고 주장했다. 그는 이러한 해원 작업이 바로 신선(神仙)의 세계로 표현되는 새 세상을 건설하는 첫 단계라고 강조했다. 원한을 풀어 없애는 일이 바로 새 세상 건설의 시작이라는 말이다.

"이때는 해원시대(解冤時代)라. 사람도 이름 없는 사람이 기세를 얻고, 땅도 이름 없는 땅에 길운(吉運)이 돌아오느니라."

증산은 새로운 시대를 규정하는 용어로 '해원시대'를 언급했다. 원한이 풀어 없어지는 새 시대가 열릴 것이라는 말이다. 증산은 이러한 시대정신에 따라 기존에는 그 이름조차 제대로 알려지지 않았던 사람들이 점차 세력과 힘을 얻게 될 것이고, 이름이 알려지지 않았던 지역에 길한 운수가 돌아올 것이라고 주장했다. 새 시대의 새 정신으로 '해원'이 강조된 점이 특기할 만하다.

지운이 통일되리라

증산은 인류 평화를 위한 첫걸음으로 지방신(地方神)과 땅 기운의 통일을 들었다.

> "예로부터 각 지방을 할거(割據)한 모든 족속들의 분란과 쟁투는 각 지방신(地方神)과 지운(地運)이 서로 통일되지 못함으로 인함이라. 그러므로 이제 각 지방신과 지운을 통일시킴이 인류 화평의 원동력이 되느니라."

세상에 드러난 모든 분란과 쟁투의 이면에는 각 지역에

저마다 할거한 지방신(地方神)들의 다툼이 있고, 각 지역에 따라 제각기 품은 땅 기운이 서로 달랐기 때문에 모든 갈등과 대립이 있었다고 진단한 것이다. 따라서 이러한 문제를 해결하기 위한 가장 좋은 방법은 지방신들의 통일을 도모하고 여러 갈래로 나눠진 땅 기운들을 통일시키는 일이다. 인류의 평화를 이루기 위해서는 먼저 현상의 이면에 숨겨져 있던 신계(神界)와 지운의 갈등과 대립을 조정하여 해결하는 일이 우선이라는 증산의 처방이다.

그렇다면 땅 기운을 통일하기 위해서 과연 어떤 일이 구체적으로 진행되어야 하는가?

"전주(全州) 모악산(母嶽山)과 순창(淳昌) 회문산(回文山)은 서로 마주 서서 부모산(父母山)이 되었으니, 지운을 통일하려면 부모산으로 비롯할지라."

증산은 세계의 '아버지 산'과 '어머니 산'이 모두 우리나라의 남부지방에 있다고 주장했다. 그에 따르면 전라북도에 있는 순창의 회문산과 전주의 모악산이 바로 이 세계의 부모산이라고 한다. 세계의 땅 기운을 주장(主張)하고 주관하는 '아버지 산'과 '어머니 산'으로부터 땅 기운을 통일하는 일이 시작되어야 한다는 주장이다.

　"이제 모악산으로 주장을 삼고 회문산을 응기(應氣)시켜, 산하
　(山河)의 기령(氣靈)을 통일하리라."

　증산은 자신이 살던 인근지역에 있던 모악산을 중심으로
순창 회문산의 기운을 응하게 하여 온 산하의 기운과 영적 영
험함을 통일하려 한다고 주장했다. 땅 기운을 어떻게 통일하
려는지에 대해서는 그 구체적인 방법을 제시하지 않아 더 이
상 알 수 없다. 어쨌든 세상의 모든 분쟁과 갈등의 원인을 땅
에서 찾았고, 그 해결방법으로 천하의 부모산의 통일에서부터
시작해야 한다고 주장한 점이 특기할 만하다.

나는 지고신(至高神)이다

　증산은 "내가 구천상제(九天上帝)다", "나는 미륵불(彌勒佛)
이다"라고 주장했다고 전한다. 우주의 최고 신격과 구원의 절
대자를 자처한 것이다. 이와 관련하여 증산의 얼굴 모습이 금

산사의 미륵불과 비슷했다는 이야기도 전한다.

"천사(天師) … 신축(辛丑)에 이르러 비로소 모든 일을 자유자
재(自由自在)로 할 권능(權能)을 얻지 않고는 뜻을 이루지 못할 줄
을 깨달으시고, 드디어 전주(全州) 모악산(母岳山) 대원사(大院寺)
에 들어가 도(道)를 닦으사, 칠월(七月) 오일(五日) 대우(大雨) 오룡
허풍(五龍噓風)에 천지대도(天地大道)를 깨달으시고, 탐음진치(貪
淫瞋癡) 사종마(四種魔)를 극복하시니 …"

증산은 1901년에 "모든 일을 자유자재로 할 권능을 얻기
위해" 전주 모악산 대원사(大院寺)에 들어가 도(道)를 닦았다.
마침내 증산은 그해 7월 5일에 "천지대도(天地大道)를 깨달았
다"고 전한다. 세상의 온갖 일을 모두 자신의 뜻대로 행할 수
있는 권위와 능력을 갖추기 위한 엄격한 수련과정을 거쳐 증
산은 마침내 도를 이룬 것이다. 이러한 증산의 대각(大覺)을
'성도(成道)'로 표현한다. 바로 이때 증산은 탐욕, 음란함, 성냄,
어리석음의 네 종류의 마(魔)를 극복했다고 설명된다. 이제 증
산은 인간이 지닌 모든 욕망을 걸러내는 정화(淨化)의 몸으로
다시 태어난 것이다. 이러한 증산의 이른바 '성도'는 그의 세계
관, 인생관, 가치관의 전면적 전복이 일어난 일대 혁명적 사건

이었다.

이 외에도 증산은 "솥이 들썩임은 미륵불이 출세함이로다"라고 말하여, 스스로를 철로 만든 솥 위에 모셔진 금산사(金山寺)의 미륵불에 비유했다. 그리고 증산은 "나는 서천(西天) 서역(西域) 대법국(大法國) 천계탑(千階塔)에서 내려와 천하를 대순(大巡)하는 존재다"라고 말하여, 자신을 가장 높은 하늘에서 이 세상을 구원하기 위해 지상에 내려온 지고(至高)의 신격(神格)이라고 주장하기도 했다. 또 증산은 "동학(東學) 주문의 시천주(侍天主)는 나의 일을 이르는 것이다"라고 말하여, 동학을 창시한 수운(水雲) 최제우(崔濟愚)의 종교체험에 등장하는 천주(天主)가 바로 자신이었다고 강조하기도 했다. 이와 관련하여 증산의 "나는 수운을 대신하여 온 대선생(代先生)이니라"라는 말이 전한다. 수운이 못다 한 구원을 이제 자신이 직접 마무리하고자 이 세상에 내려왔다는 주장이다.

이 외에도 증산은 "예수교도는 예수의 재강림(再降臨)을 기다리고, 불교도는 미륵(彌勒)의 출세(出世)를 기다리고, 동학신도는 최수운(崔水雲)의 갱생(更生)을 기다리나니, 누구든지 한 사람만 오면 각기 저의 스승이라 하여 따르리라"라고 말하여, 한 사람의 구원자(救援者)가 나타나면 각 종교에서 각기 자신들이 기다리던 인물이라고 믿고 따를 것이라고 주장했다.

여러 종교에서 각기 다르게 표현되는 구원의 절대자가 실은 한 인물을 가리키는 말이라고 강조한 셈이다.

그리고 증산은 "나는 개벽장(開闢長)이다"라고 말하여, 자신을 '후천개벽(後天開闢)의 주재자'라고 강조했다. 개벽을 집행하고, 개벽의 전 과정을 주관하고, 개벽의 결과를 이 땅에 실제화하는 일을 마무리하는 존재가 바로 증산 자신이라는 주장이다.

그러나 우리는 알 수 없는 신비의 영역에 있는 천상(天上)에서의 위격(位格)에 대한 신앙보다는 지상에서의 실제 행위에 대한 의미와 기능에 더욱 관심을 가져야 한다. 비록 천상에서 상제나 하느님으로 있었다고 하더라도 그 존재가 지상에 내려와서 특정한 활동을 했다면, 그를 근거로 삼아 평가해야 한다는 뜻이다. 제아무리 지고한 신격이었다 하더라도 이 땅에서의 행위를 기준으로 한 평가가 중요할 것이다. 그리고 신격의 호칭이나 위계에 대한 믿음은 어디까지나 그의 사후에 다시 평가된 이름일 따름이다. 당대에 올바른 평가를 받는 일 자체가 불가능하기 때문이다. 나아가 인간의 구원은 특정한 존재에 대한 숭배가 아닌 구체적 인간의 실천으로 이루어질 것이며, 위대한 신격에 대한 일방적인 믿음이 아닌 내가 오늘 행하는 행위로써 구원받을 것이다. 구원은 '믿음'에 있지 않고, '행위'에 있다는 사실을 명심해야 할 것이다.

결국 증산은 초월적이고 신비한 존재로만 받들어져서는 안 된다. 설령 그가 상제나 하느님이라고 하더라도 나의 구원과는 일정한 거리가 있음이 분명하다. 위대한 신격의 권능과 은혜에 힘입어 구원받으려는 의타적 의뢰심은 과감히 버려야 한다. 스스로의 구원은 오직 점진적으로 생성(生成)해가는 확신과 이에 따른 구체적인 행동을 요구할 뿐이다.

그리고 무엇보다도 증산은 숭앙받기 위해서 교단을 세우러 온 존재가 아니다. 증산은 선천과 후천의 변혁기에 그 혁명적 사상을 제시하고, 바람직한 실천운동을 하기 위해 이 땅에 임하신 존재다. 따라서 증산을 무작정 믿기만 해서는 구원은 결코 오지 않을 것이다. 증산의 새로운 생각을 탐구하고, 그것이 의미하는 바를 자각하고, 그에 걸맞은 행동을 취할 때에야 비로소 나의 구원은 시작될 수 있을 것이다.

어쨌든 증산은 "나는 상제(上帝)요, 하느님이다"라는 주장을 인류 역사상 최초로 선포한 위대한 인물이다. 그는 하나의 모범적 사례를 일정하게 제시했고, 이를 통해 인간의 가능성을 최대한으로 불러일으킨 사람이 분명하다. 증산은 내가 바로 가장 위대한 신격이라는 자의식을 가짐으로써 이제 인간은 누구나 최고로 귀한 존재라는 자각과 자긍심을 가지라는 위대한 가르침을 내렸다. 이러한 증산의 자기 확신은 인간이 스스로 변화할 수 있는 힘을 제공하는 원동력이 된다. 지고(至高)의 존재가 하늘에만 머물지 않고 속된 세계인 이곳 이 땅에 내려오셨다는 증산의 주장과 가르침은, 인간은 누구나 신적인 존재이며 나아가 어떤 의미에서는 신의 심부름을 받는 위대한 존재가 될 것이라는 새 이념과 연관되었다. 이와 관련하여 증산은 인간이 모두 지고의 존재가 되는 세상인 인존시대(人尊時代)의 도래를 선포했던 것이다.

한편 "선생은 진실로 천신(天神)이시라"라는 증산을 따르던 한 제자의 증언이 전한다. 증산은 살아생전에 이미 '하늘의 신'으로 받들어지고 우러러졌던 인물이다. 하늘에서 내려온 위대한 존재로서 추앙받은 증산이 한 일은 하늘과 땅으로 상징되는 천지의 근본적 원리와 질서를 다시 뜯어고쳐 재정립하는 천지공사(天地公事)였다.

그렇다고 증산을 무조건 신격화(神格化)만 해서는 안 된다. 바람직한 평가를 위해서는 증산의 삶과 생각에 대한 경전 기록을 올바르고 객관적으로 이해하는 일이 우선 요청된다. 경전 해석의 지평은 닫혀 있어서는 곤란하다. 특정 집단이나 개인의 한계에 머물러 여러 폐단을 낳을 가능성이 있기 때문이다. 따라서 경전에 대한 해석의 가능성은 무한히 열려 있어야 한다. 특히 특정 교파만의 독단적 해석에 매몰되어서는 곤란하다. 그 어떠한 발상과 상상력도 온전히 허용되고 용납할 수 있어야 '살아 숨 쉬는 가르침'이 될 수 있을 것이다. 따라서 증산은 존경과 숭앙의 대상으로 머무르기만 해서는 안 된다. 증산의 생생한 삶과 번뜩이는 생각이 오늘날 지금의 내가 살아가는 구체적인 삶과 생각을 변화시켜야 한다. 그렇게 될 때만이 위대한 창조적 행위가 분출될 수 있을 것이다.

그러므로 증산은 특정 교단만의 증산으로 머물러서는 안 된다. 나아가 증산은 특정한 교단에 의해 왜곡되고 일방적으로 신격화되어서도 안 된다. 제아무리 위대한 신격이라 하더라도 그 해석은 다양하고 무궁무진하게 열린 상태가 보장되어야 한다. 또한 독선(獨善)도 용납되어서는 안 된다. 금지해야 한다. 자아도취와 자기만족에 빠지는 일도 허용할 수 없다. '증산 상제'나 '증산 하느님'은 어디까지나 신비의 영역이자 신앙의 문제다. 증산은 자신을 따르는 신앙인이나 교인이 되는 일을 요구하지 않았다. 증산은 자신만의 독창적인 생각과 행위로 이 세상을 살다가 홀연히 이 땅을 떠났을 뿐이다. 증산의 권능과 은혜에 기대어 구원을 기대해서는 안 된다. 인간은 누구나 자신을 스스로 구원할 수 있을 따름이다.

그리고 증산에 대한 일방적인 신앙고백은 곤란하다. 참된 신앙운동과 그에 따른 구체적인 실천이 반드시 필요하며 요청되는 시점이다. 증산이 이 땅에 다녀간 참정신과 가치가 과연 무엇이었는지를 심각하게 고민해야 할 때다. 나아가 그 고민에 대한 개개인 나름의 자각을 거쳐 실제 생활에서 어떻게 구현해나갈지가 모색되어야 할 시기다. 따라서 우리는 살아있는 증산을 '지금 이 순간' 다시 만나야 한다. 증산에 대한 모든 신화적인 요소를 철저하게 배제해야 우리는 비로소 '산' 증산을 만날 수 있을 것이다. 또 인간의 구체적인 삶에서 생동하는 실천운동으로 전개되어야 비로소 진정한 의미에서의 증산신앙과 증산운동을 고취하고 일으킬 수 있을 것이다. 오늘날 우리는 생동하는 '증산 정신'을 구현해내야 한다. '죽은' 또는 '모셔지는' 증산이 아니라 '산' 그리고 '활동하는' 증산이 '지금 이 순간' 여기에 초대되어야 한다. 이는 증산에 대한 바른 이해를 도모하는 유일한 첩경이 될 것이다.

역사적 인물로서의 증산과 증산 사후에 성립된 교단에서 신격화되고 신화화된 '상제 증산' 또는 '하느님 증산'은 엄연히 구별되고 구분되어야 마땅하다. 교단의 입장에서가 아니라 보다 객관적인 관점과 안목에서 증산을 바라보아야 그에 대한 진정하고 객관적인 평가가 이루어질 것이기 때문이다. 증산을 상제나 하느님으로 믿는 일은 개개인의 판단과 결정에 달린 선택의 문제다. 그러나 이러한 입장과 다르게 신앙대상으로서의 증산이 아닌 살아있는 인물이었던 '역사적 인물 증산'의 참된 면목을 찾으려는 노력을 게을리해서는 안 된다. 그 괴리를 극복해야 제대로 된 '증산 이해'가 가능할 것이다.

증산은 그 어떠한 권위주의도 철저하고 과감하게 부정했다. 따라서 그에 대한 맹목적 신앙에서 벗어나 사실적이고 합리적인 이해가 먼저 도모되어야 한다. 신이나 신격에 대한 바람직한 이해의 문제가 오늘날 인류에게 제기된 많은 문제의 해결에 도움이 될 것이다. 인간은 누구나 자기 삶에 관한 사상과 행동을 각자의 신앙과 믿음에 따라 스스로 결정할 수 있다. 이는 어디까지나 개인의 자유와 선택의 문제다. 인간은 개개인의 자유의지와 자율적인 선택에 따라 자신의 행위의 결정권을 갖는다. 증산에 관한 기록이나 전언은 종종 신화적 관념으로 표현되어 있다. 그의 탄생을 둘러싼 여러 신이(神異)한 이야기들, 수많은 질병의 고침과 기적적 치유, 호풍환우(呼風喚雨)의 능력, 태양의 운행을 멈추었다는 엄청난 이적, 이미 죽은 자의 살림, 여러 난치병의 대속(代贖) 등이 역사적 증산상(甑山像)에 섞여있다. 그러나 이러한 이야기는 증산의 생애가 갖는 종교적 의미와 그의 구원행위 및 위대성을 표현하려는 종교적 분식(粉飾)과 설명방식의 하나라고 보아야 한다.

증산은 지고신(至高神)인 상제나 하느님으로서 인간을 구원하기 위해 스스로 이 땅에 인간의 모습으로 오셨다는 것이 증산교인들의 믿음과 신앙이다. 그렇지만 인간을 벗어난 특별한 존재인 지고신이 인간들의 문제를 해결하기 위해서만 지상에 하강한 것이 아니다. 구원의 개략적인 설계와 청사진은 위대한 신격의 일이라고 믿어지지만, 어디까지나 그 구체적 실행과 해결은 인간이 주체적이고 주도적으로 행해야 할 것이다. 우리 존재의 문제는 우리 스스로가 해결해야 마땅하다. 의뢰심을 두는 일은 증산이 매우 경계한 바이다. 따라서 오늘날에 있어서 증산에 대한 주체적·주동적·능동적 신앙이 요구된다. 따라서 그에 대한 피동적이고 순종적이며 수동적 신앙은 거부되어야 마땅하다.

나아가 증산에 대한 종교적 아집이나 배타적인 신비주의도 배격되어야 하겠다. 증산은 스스로 초월주의나 신비주의를 철저하게 거부했던 인물이다. 증산이 주장하고 설명한 하느님 즉 상제는, 천상계(天上界)에서 인간 위에 우월적으로 지배하고 군림하는 존재가 아니라 낮은 인간계(人間界)에 직접 인간의 몸으로 내려오신 존재이며, 인간계의 구원과 이상을 실현해주기 위해 남보다 먼저 '일하고 땀을 흘리는 하느님'이시다. 그 하느님은 인간과 함께하는 위대한 신격이다. 따라서 증산에게 있어 인간과 동떨어진 세계에서 홀로 존재하는 외로운 하느님은 거부된다.

따라서 역사적 인물로서의 증산의 실체에 대한 보다 정확하고 진실한 이해가 요구된다. 신화적·종교적 신앙대상으로만 증산을 이해해서는 안 된다. 그리고 오늘날은 관념화되고 이념화된 증산 이전의 본연적 모습이 재조명되어야 할 시점이다. 증산이 현대인에게 진정한 신앙대상이 되려면 그의 역사적 실존성과 완벽한 인간성을 먼저 확보해야 한다. 그냥 증산을 믿기만 해서는 안 된다. 진정한 의미에서 증산을 '이해'해야 한다. 나아가 증산의 신성(神性)을 인간의 지평에서, 증산에 관한 신화(神話)를 인간학의 지평에서 재해석해야 할 때다. 그리고 종교적 열정과 믿음에 기초한 교학체계 이외의 방법으로 증산을 재조명하는 일이 요청된다. 이러한 맥락에서 종교적 상상력의 산물로서의 증산신앙과 역사적 실존과 실체로서의 증산은 엄연히 구분되어야 마땅하다. 증산을 상제, 하느님, 미륵불로 믿고 따르는 많은 사람들이 있었고 있다는 엄존의 역사적 사실은 그 누구도 부정할 수 없는 객관적 사안이 분명하다. 여기서는 증산이 실제로 그러한 존재인지 아닌지의 여부는 전혀 문제가 되지 않는다.

한편 증산사상은 유일신(唯一神)이나 일신론(一神論)이 아니다. 다신론적(多神論的) 사상이다. 증산은 신들의 회의체와 합의제를 통해 세상의 구원에 나선다. 그리고 증산의 주장에 따르면 인간은 죽은 다음에 누구나 신이 된다고 한다. 그리고 '증산 하느님'이나 '증산 상제'는 지고신이다. 신들의 리더이지만, 통치하고 지배하는 무력과 폭력을 중시하는 신이 결코 아니다. 증산은 신들 사이의 모든 갈등과 투쟁을 조정하고 화합하는 최고신격이다. 그는 군림하는 지고신이 아니라 중재하고 화해와 협력과 일치를 주장하는 최고신이다.

그리고 증산의 신관은 일신론이 아니다. 증산은 모든 존재가 신(神) 또는 신명(神明)이고, 인간은 누구나 신이 된다는 차원에서 일종의 범신론적(汎神論的) 사상을 주장했다. 이를 만유신론(萬有神論) 또는 만유신사상(萬有神思想)이라고 규정할 수 있다. 증산에 따르면 이 세상 모든 존재가 모두 신령(神靈)하다. 이는 기존의 인류가 축적해왔던 '신(神)' 개념의 혁명적 전환을 가져왔다. 유일, 일신, 다신, 인격, 비인격적 신관의 총합을 지향하는 전혀 새로운 신관이다. 억조창생이 모두 한 신으로 통합된다. 동귀일체(同歸一體)다. 증산은 "모두가 하나로 돌아간다"라는 관점에서 기존의 온갖 신관(神觀)을 종합했다. 증산에 따르면 만유(萬有)가 하나의 몸, 한 몸으로 귀일(歸一)한다. 그는 모든 존재와의 만남이 가능하고, 일체인 하나로 돌아

감을 지향했다.

  "천지간에 가득 찬 것이 신이니, 풀잎 하나라도 신이 떠나면
마르고, 흙 바른 벽(壁)이라도 신이 떠나면 무너지고, 손톱 밑에
가시가 하나 드는 것도 신이 들어서 되느니라."

  신도 끊임없이 '생성(生成)'되는 또는 '생성'하는 과정에
있다. '생성'의 끊임없는 연쇄적 과정 속에 '나'라는 신이 있다.
범신론(汎神論)이 뭇 생명이 신적 존재라는 입장이라면, 만유
신론(萬有神論)은 무생명(無生命)까지도 신의 범주에 포함한다.
이와 관련해서 증산은 흙 바른 벽이나 손톱 밑에 박히는 자그
마한 가시에도 신이 깃들어 있다고 주장하고 강조했다.
  절대불변의 초월자가 따로 있는 것이 아니다. 인간과 함
께 변화하고 생성되어가는 존재가 있을 뿐이다. 이 세상에 불
변하는 존재는 없다. 역사 속에서 인간과 같이 일하는 존재가
있을 따름이다. 조물주(造物主)는 없다. 끊임없이 생성하고 변
화하는 신적 존재의 오묘함과 신비가 있을 뿐이다. 그리고 '무
(無)로부터의 창조'는 없다. 항상 변화하는 '생겨남'이 있을 따
름이다.

나는 천지공사를 행한다

"내가 삼계대권(三界大權)을 주재(主宰)하여 천지(天地)를 개벽(開闢)하며, 무궁(無窮)한 선경(仙境)의 운수(運數)를 정(定)하고, 조화정부(造化政府)를 열어 재겁(災劫)에 싸인 신명(神明)과 민중(民衆)을 건지려 하니, 너는 마음을 순결하게 하여 공정(公庭)에 수종(隨從)하라."

천지공사(天地公事)란 하늘 아래 땅 위에 있는 모든 일의 원리와 질서를 다시 새롭게 짠다는 뜻이다. 증산은 자신의 종교적 행위에 천지공사라는 이름을 붙임으로써 향후 전개될 세상사 모든 일을 대국적 차원에서 미리 예정해놓았다고 믿어진다. 그는 "물 샐 틈 없이" 완벽하게 천지공사를 했다고 자부했고, 이에 힘입어 그를 따르는 사람들은 증산의 천지공사에 의해 후천(後天)이라는 이상사회가 이 땅에 건설되기까지 치밀하게 펼쳐져나갈 도수(度數)가 정해져 있다고 믿는다.

증산이 행했다는 천지공사는 그 이름 자체가 혁명적 선포다. 증산은 천지공사라는 창조적 용어와 개념을 처음으로 주창한 인물이다. 그런데 증산이 행했다는 천지공사는 '다 함께 동참하자'라는 권유다. 결단코 독선적 주장이나 믿음을 강요하는 것이 아니다. 바로 이 점이 명확하게 인식되고 받아들여져야 할 것이다. 천지공사는 홀로 집행하고 저절로 되어가는 일이 아니다. 증산이 가르친 사상과 이념으로 무장한 '일꾼'들의 적극적인 참여로 함께 이루어가는 종교적 사건으로 선포되었다.

증산은 천지공사와 관련하여 "나는 삼계대권을 주재한다", "조화(造化)로써 천지를 개벽한다"고 주장했다. 그는 하늘, 땅, 인간의 모든 세계의 큰 권위로써 공사(公事)를 집행하고 주관한다고 강조했고, 무한히 신비한 방법으로써 천지를 새롭게 열어갈 것이라고 약속했다. 나아가 증산은 "천지를 개벽하여 무궁한 선경의 운수를 정하고, 조화정부를 열어 재겁에 싸인 신명과 민중을 건지려 하노라"라고 말했다. 그는 하늘과 땅의 운수를 새롭게 정해야 하는 결정적인 이유는 인류가 무한한 신선 세상의 운수를 누리게 해야 하기 때문이라고 주장한다. 또 증산은 조화정부라는 신(神)들의 구체적인 조직을 지닌 회의체를 통해 엄청난 위기상황에 처한 신명계와 인간계의 구원이 이루어질 것이라고 강조했다.

한편 증산은 "신축년(1901) 이후로는 연사(年事)를 내가 맡았노라"라고 말했다. 신축년 이후의 세상사 진행과정의 대국적 틀은 자신이 맡았다고 주장한 것이다. 신축년은 증산이 깨달음을 얻은 이후에 천지공사를 시작한 해이다. 이처럼 증산은 자신의 천지공사에 의해 비로소 세상사의 결정적 국면이 대부분 정해졌다고 확신했다. 바로 이 지점이 바로 증산교인들이 20세기 이후에 발생한 인류사의 굵직굵직한 대사건들이 증산의 천지공사의 결과라고 굳게 믿는 대목이다.

인간과 세계의 구원에 관한 하느님의 의도적이고 조직적인 계획이 바로 천지공사가 뜻하는 바다. 우주의 역사는 우연이나 필연에 의한 것이 아니라 오직 '증산 하느님'의 의도적이고 조직적인 계획에 의해 창조되고 보존되며 인도된다는 믿음이 반영되어 있다.

한편 증산은 "나는 천하사(天下事)를 하노라"라고 말했다. 천지공사는 바로 천하의 일인 것이다. 그는 하늘 아래 땅 위의 대부분 사건들의 대략적인 결정이 바로 증산 자신이 집행하고 설계한 천지공사의 처분에 따라 이루어질 것이라고 확신했다. 나아가 증산은 "이것이 곧 '천지 굿'이니라"라고 말하기도 했다. 하늘과 땅의 온갖 부정적인 것을 떨쳐 없애는 한바탕 굿을 벌이는 일이 바로 천지공사의 집행과정이라고 설명한 것이다. 천지의 질서와 원리를 바로잡는 커다란 굿판을 벌이는 증산은 '천지 굿'의 무당이요 재인(才人)이 된다.

또 증산은 "내가 천지를 개벽하고 조화정부(造化政府)를 열어 인간과 하늘의 혼란을 바로잡으려 하노라"라고 말했다.
천지개벽과 조화정부의 건설을 통한 인류 구원의 주체가 바로
증산 자신이라는 점을 분명히 밝혔다. 그의 종교적 행위인 천
지공사에 따라 인간계와 신명계의 혼란과 분열이 비로소 없어
질 수 있으리라고 전망했다. 개벽의 주체와 주재자가 증산 자
신이라고 주장한 점이 특기할 만하다.

　　지금까지의 인류사에는 신적 존재의 대리인이나 권한 위
임자가 등장하기는 했지만, 세상의 모든 원리와 질서를 근본
적으로 변화시키는 공적인 일을 직접 집행한다고 자처한 인물
은 없었다. 바로 이러한 점이 증산사상의 독창적인 면모다. 증
산은 자신이 바로 상제(上帝)요 하느님이라는 입장에 서서 천
지공사를 본 것이다. 그러한 그의 주장이 맞고 틀린지의 문제
는 별도로 하더라도 그러한 주장이 있었다는 역사적 사실은
엄연히 존재한다. 또 천지공사의 결과로 증산 사후의 인류 역
사의 전개과정을 바라보는 일은 어디까지나 개인들의 선택
의 몫으로 남아있다. 어쨌든 증산은 태초의 천지개벽과 맞먹
는 후천개벽을 집행하고 주재하는 천지공사를 행했던 인물로
기억되며, 그의 천지공사의 결과에 따라 세상만사가 진행되고
있다는 강력한 믿음을 유발한 사람이다.

　　한편 증산은 "명부공사(冥府公事)의 심리(審理)를 따라서

세상의 모든 일이 결정되나니, 명부(冥府)의 혼란으로 인하여 세계도 또한 혼란하게 되느니라"라고 말했다. 인간이 죽어서 간다는 저승세계에서의 심판과 처리에 따라 이생에서의 많은 사건들이 결정된다는 말이다. 인간계의 이면에는 신계(神界) 또는 신명계(神明界)가 있어서 인생의 크고 작은 일들에 직접 관여하고 있다는 설명이다. 과연 그런지는 알 수 없는 신비의 영역에 있는 문제다. 어쨌든 증산은 드러난 인간계의 온갖 사건들의 배후에는 신 또는 신명의 작용이 분명히 있다는 자신의 생각을 밝혔다. 이는 눈에 보이는 것만이 전부는 아니라는 입장에서, 그리고 표현되고 현상적으로 나타난 일들의 이면에 있는 신비의 영역에 주목하라는 가르침이다.

또 증산은 "이제 혼란복멸(混亂覆滅)에 임(臨)한 천지를 개조하여 새 세상을 열고, 대비겁(大否劫)에 싸인 사람과 신명을 널리 건져 각기 안락(安樂)을 누리게 하노라"라고 선포했다. 이처럼 증산이 당대를 바라보는 시각은 어지럽기 짝이 없었고 곧 멸망에 이를 위험에 처해 있다는 것이었다. 이러한 화급한 위기상황을 벗어나기 위해서 증산은 스스로 천지를 개조하겠다고 선언한다. 증산은 자신의 천지공사에 따라 비로소 인류는 '새 세상'을 맞이하게 될 것이며, 이는 인간들만 구원하는 일이 아니라 신계 혹은 신명계도 함께 구원하는 대사업이라고 주장했다. 사람과 신명들이 편안하고 즐거움을 누리게 하는 것이 증산이 목표하는 일이었다.

> "이제 하늘도 뜯어고치고 땅도 뜯어고쳐 물 샐 틈 없이 도수(度數)를 짜놓았으니, 제 한도(限度)에 돌아 닿는 대로 새 기틀이 열리리라. 내가 천지운로(天地運路)를 뜯어고쳐 물 샐 틈이 없이 도수를 굳게 짜놓았으니, 제 도수에 돌아 닿는 대로 새 기틀이 열리리라."

천지(天地)의 운로(運路)는 정해져 있는 것이 아니다. 증산은 자신의 권능으로 하늘과 땅의 운로를 "뜯어고친다"라고 선포한다. 그렇게 결정된 증산이 내린 천지운로의 도수는 한 치의 오차도 없이 아주 세밀한 부분까지도 어김없이 정해져 있어서 환경의 변화와 정세에 발맞춰 진행될 것이라고 강조된다. 마침내 증산이 정한 천지공사의 도수가 제대로 실현되었을 때 비로소 인류는 기존의 세상과는 전혀 다른 새로운 차원의 신세계를 맞이할 수 있을 것으로 전망된다. 이와 관련하여 증산은 "후천세계 인간 생활의 모든 질서를 결정하셨다"라고 믿어진다. 신실한 증산교인들은 우주 만물과 일상에서 일어나는 개개의 수많은 사건들 모두가 역사를 움직이는 '증산 상제' 또는 '증산 하느님'의 참여와 인도를 표상하는 증거들인 동시에 그의 존재를 증명하는 의심할 수 없는 논거들이라고 믿는다.

증산은 역사의 영원한 진보에 대한 굳건한 확신을 바탕으로 천지공사를 주장하고 집행했다. 그는 인간 구원을 위한 원대한 설계도를 천지공사로 제시한 인물로 기억되어야 할 것이다. 역사는 하느님(상제)의 윤리적 요구를 드러내기 위한 하느님(상제)의 기획이 실현되는 과정이다. 바로 이러한 맥락에서 증산이 행한 천지공사의 의의를 찾아야 한다.

역사의 중점은 '지나간 과거'가 아니라 '다가올 미래'에 있다. 따라서 증산이 행한 천지공사는 예언의 실현 여부 문제와 깊이 연결되어 있다. 그런데 그 미래는 오늘을 사는 우리의 손에 달려 있다는 사실을 간과해서는 안 될 것이다. 오늘의 내가 어떻게 행동하느냐에 따라 내일은 찬란하게 밝아올 수도 있고, 아니면 암울한 형태로 다가올 것이다. 따라서 내일이 어떻게 될 것인가에 대한 헛된 망상과 지나친 상상을 금하고, 오늘 나의 행동에 중점을 두고 살아가야 할 것이다. 미래는 결코 저절로 오지 않는다. 오늘이 쌓여 비로소 내일이 다가오는 것이다. 그러므로 증산의 천지공사도 그 찬란한 상상에 그쳐서는 성립될 수도 없을 한 조각 망상일지도 모른다. 증산이 내린 가르침에 따라 오늘을 묵묵히 그리고 성실하게 살아나갈 때만이 천지공사로 이루어질 장엄한 빛의 세계가 미래에 비추어질 수 있을 것이다.

또 증산이 강조한 천지공사는 객관적으로 '열리는' 세상이 아니다. 어디까지나 주관적 의지를 지닌 '나'인 상제(上帝) 또는 하느님이 주도하여 '여는' 세상이다. 따라서 증산은 후천개벽의 주체이며, 주도적 역할을 하는 위대한 존재다.

한편 증산은 '일꾼'이라는 말을 사용했다. 천지공사를 일방적으로 믿는 '신도(信徒)'가 아니라 천지공사에 동참하여 함께 일하는 '일꾼'을 주장하고 강조했다. 따라서 증산은 결단코 자신에 대한 믿음을 일방적으로 강요하지 않았다. 천지를 근본적으로 바꾸는 공적인 일인 공사(公事)에 내가 먼저 적극적으로 참여하여 스스로 땀을 흘려야 함을 강조했을 뿐이다. 따라서 증산은 '믿음'으로 구원받는 것이 아니라 '실천과 행동'으로 스스로를 구원해나갈 것을 가르쳤다. 증산은 자신을 따르는 '신도'를 원하지 않았다. 다만 증산은 자신이 설계한 천지공사를 앞으로 자신을 대신하여 집행해나갈 성실한 '일꾼'을 원했을 따름이다. 또한 증산은 자신의 사상과 가르침을 전도(傳道)하라고 말하지도 않았다. 나아가 증산은 자신의 도(道)를 일방적으로 따르라고 강요하지도 않았다. 그는 자신의 천지공사(天地公事)에 참여하라고 권면했을 뿐이다. 나아가 증산은 천지

(天地)의 공정(公庭)에서 '일하라'라는 종교적 명령을 내렸을 따름이다.

증산은 자신의 천지공사를 실제로 이 땅에서 집행하고 실현할 인물들을 '일꾼'이라고 불렀다. 이상사회의 청사진이나 설계도인 천지공사를 행한 것은 증산이지만, 그를 바탕으로 역사의 무대에서 그를 실제화하는 일은 '일꾼'들이 맡아서 한다고 강조했다. 이와 관련하여 "하늘과 땅은 해와 달이 없으면 빈껍데기에 불과할 것이요, 해와 달은 그를 알아주는 참된 인간이 없다면 헛된 그림자에 불과하리라"라는 증산의 말이 전한다. 또 증산은 천지가 사람을 쓰려고 하는 때를 맞아 여기에 적극적으로 참가하고 동참해야 할 것이라고 요구했다. 전도가 아닌 모범적 실천을 강조했던 것이다.

그리고 증산은 "일꾼이 된 자는 씨름판을 본받아 판 밖에서 보양물(補養物)을 많이 먹고 기운을 잘 기르라"라고 말하여, 천지공사의 일꾼이 되고자 하는 사람은 항상 준비된 자세를 유지할 것을 당부했다. 또 증산은 "일꾼 된 자 강유(剛柔)를 겸비하여 한편이라도 기울지 않아야 할 것이라"라고 말하여, 굳셈과 부드러움 모두를 아우르는 생활철학과 태도를 가지라고 가르쳤다. 그리고 어느 한쪽 편으로 기우는, 즉 편협된 일과 행동을 매우 경계했다. 이처럼 증산이 말한 '일꾼'은 알기만 해서는 안 된다. "행해야 한다" 그리고 "실제로 일을 해야 한다"라는 점이 '일꾼'이라는 말로 강조되었다.

흔히 지향하는 이상적인 최고 인격을 기준으로 특정 종교의 이름이 정해지는 일이 많이 있다. 불교의 '불(佛)'과 유교의 '유(儒)'와 선도의 '선(仙)'이 대표적인 사례다. 기독교의 '기독(基督)' 즉 그리스도도 마찬가지다. 아마도 이러한 맥락에서 증산의 가르침을 믿는 집단의 이름을 정한다면, '일꾼 도(道)' 또는 '일꾼 교(敎)'라고 불러야 할지도 모르겠다. 이처럼 증산은 '일꾼'이라는 용어를 통해 행위와 실천을 강조했으며, 신이 아닌 인간을 중요시하는 사상과 이념을 제시했다.

인간의 문제는 인간이 스스로 해결해야 한다. '자기 변화'와 '자기 구원'이 종교의 궁극적 목적이다. 자기 운명의 개척자와 자기 운명의 주인공은 바로 그 자신이다. '새 세상의 열림'인 개벽(開闢)에는 종교적 열정과 환희가 필요한 것이 아니라, 일상(日常)의 성화(聖化)와 스스로의 신성(神性)을 밝히는 일이 반드시 요구된다. 내면의 빛을 발하여 일상을 변화시키는 일이 요청되는 것이다. 이처럼 매일매일 자신을 변화시키는 기쁨이 있어야 비로소 가까운 미래에 이상적인 사회인 개벽을 이룰 수 있을 것이다. 따라서 일상적인 인간 삶의 신성화(神聖化)를 도모해야 한다는 것이 개벽정신의 진정한 구현방법일 것이다.

인간은 자기 스스로 만들어가는 존재다. 자신의 삶을 긍정하며 자유의지를 가지고 자신의 행위에 책임지는 존재다. 즉 인간은 스스로 삶의 진정하고 고유한 가치를 추구하는 동물이다. 따라서 인간은 자신의 행위에 대해 엄격하게 책임져야 하는 존재다. 따라서 인간은 신의 의지와 통제를 받는 피동적이고 수동적인 존재도 아니요, 무명(無明)에 가려진 고뇌에 찬 존재도 아니다. 증산은 인간의 주체적 의지가 강조되어야 함을 독창적인 '인존(人尊)'이라는 말로 표현했다. 시운(時運)과 객관세계의 변화에 맞춰 인간은 주체적 승화(昇化)를 도모하여 스스로의 삶을 적극적으로 변혁하는 존재가 되어야 한다. 증산에 따르면 인간의 운명은 순종하는 것이 아니라 개척해나가는 것이다. 그러므로 기본적으로 증산은 인간은 영적(靈的)이고 신성(神聖)한 존재라고 가르쳤다.

또 증산은 신과 인간을 동등한 자격과 위상에 놓고 인식했다. 증산이 말한 인간은 이성적 인간과 기계론적 인간이 아니다. 더욱이 특별한 신의 피조물(被造物)도 아니다. 그가 말하고 주장한 인간은 어디까지나 자유의지를 지닌 자율적 존재로 신적 존재와 맞먹는다. 나아가 증산의 인간은 타자의 의지와 지배에 휘둘리는 나약한 존재가 결코 아니다. 하늘과 땅, 그리고 온 우주를 변화시킬 수 있는 엄청난 잠재력을 지닌 거룩하고 신비한 존재다.

> "공사(公事)를 행하실 때에는 반드시 술과 고기를 장만하여 여러 사람들로 더불어 함께 잡수시며, 혹 식혜를 만들어 종도들로 하여금 더불어 함께 마시시니라."

증산이 천지공사를 행한 방법 가운데 하나는 세상에서 천대받고 푸대접받던 민중들과 함께 음식을 나누어 먹고 술과 식혜 등을 마시는 일이었다. 그리고 증산은 천지공사를 행한 다음에는 반드시 자신의 돈으로 음식과 술을 사서 사람들에게 나누어주었다. 증산이 사람들을 주로 만났던 장소는 시골에서 흔히 볼 수 있는 주막(酒幕)이었고, 그는 그곳에서 만난 사람들과 함께 어울리면서 천지공사를 행했다고 전한다. 그리고 증산을 따르는 사람들은 많은 학식을 가진 지적인 사람들이 아니었다. 그들은 소수의 특별한 계층의 엘리트가 결코 아니었다. 다만 헐벗고 굶주리고 애통하고 억압받는, 심령(心靈)이 가난한 대중들이었다. 그리고 증산 자신이 몰락한 양반계층에 속한 사람으로서 가난한 민중이었음도 기억되어야 하겠다. 증산은 이들과 함께 어울리면서 그들의 고통을 어루만지며 그들의 희망을 대변하여 나름대로 이루어주려고 애쓴 민중적 입장과 차원의 실천가였다.

증산은 담배를 피우는 일에 시비(是非)가 붙어있어 신분차별을 드러낸다고 갈파하고, 앞으로는 신분의 고하에 관계가 없이 함께 담배를 피우는 시대가 올 것이라며, 직접 종도들의 담뱃대에 담배를 넣어주어 피우게 했다. 증산이 살던 시대에는 담배를 피우는 예절이 엄격하고 신분에 따라 함께 어울려 담배를 피우지 못하는 일이 많았다. 이에 증산은 담배를 피우는 작은 일에도 시비가 있기 때문에 이를 없애기 위해 자신부터 종도들의 흡연을 권면했던 것이고, 이러한 행동을 통해 증산은 앞으로 신분차별의 철폐와 시빗거리의 사라짐을 예언했다. 증산 역시 담배를 즐겨 피웠다고 전한다.

그리고 증산은 종도들과 어울려 술을 마시는 일을 즐겼고, 특히 그가 상등(上等) 사람의 음식이라고 평가한 개고기를 즐겨 먹었다. 그 이유를 묻는 종도에게 증산은 농민들이 개고기를 즐기기 때문이며, 상등 사람은 곧 농민이라고 강조했다. 또 기존의 세상에서는 도를 닦는다고 자처하던 사람들이 개고기 먹기를 꺼렸기 때문에 망량신(魍魎神)이 응하지 않아서 천지의 도가 어그러졌다고 설명했다. 나아가 증산은 개고기를 끓인 국인 개장국을 도가(道家)에서 먹지 않아 한(恨)이 생겼다고 갈파하고, 개장국을 먹는 일은 해원(解寃)과 개정(改定)을 하기 위해서라고 주장했다. 이처럼 증산은 개고기와 개장국을 먹는 일도 나름대로 종교적 설명을 내리며, 그 의미를 설명하고 있다.

문명개화삼천국

증산은 "문명개화삼천국(文明開化三千國)"이라고 노래했다. 장차 "찬란한 인류문명을 가진 나라가 삼천에 이를 정도로 많이 펼쳐지리라"라는 뜻이다. 증산은 문화적 다양성이 극대화되는 세상이 전개될 것이라는 점을 '문명개화'라는 말로 표현했다. 그는 특정한 국가가 주도하는 미래를 구상하지 않았다. 더욱이 수십 개 혹은 수백 개 국가의 집단협의체로 세계질서가 재편되는 세상을 추구하지도 않았다. 증산은 무려 삼천 개의 다양성을 지닌 많은 나라가 세계에 각기 독립하는 세상을 꿈꿨다. 그는 민족과 지역에 따라 제각기 고유한 문화를 지닌 나라들이 수없이 분화·발전하는 이상사회를 그렸다. 따라서 증산의 전망에 의하면 앞으로 세계 여러 지역에서 각기 고유한 문화를 추구하는 많은 나라들이 독립 국가로 발전할 것이라고 한다. 이는 기존 서양문명과 서구 지향의 폐해와 한계를 일정하게 극복하고 새로운 문명관을 추구하는 새 사상으로 볼 수 있다. 많은 민족마다 고유한 문화를 지녔다는 사실을 인정하고, 그 가치를 살리는 방향으로 세계의 역사가 전개되어야 한다는 당위성을 주장한 이러한 증산의 국가관은 우리가 사는 세계에 대한 새로운 통찰과 이해의 진보를 이루었다고 평가할 수 있다.

한국이 세계 최고의 나라가 될 것이다

증산은 항상 뱃소리를 했다고 전한다. 그 이유를 묻는 제자에게 증산은 "조선을 장차 세계 상등국으로 만들려 하노라"라고 대답했다. 그는 "우리나라를 세계의 상등국으로 만들려면 우선 서양에 있는 신명들을 불러와야 할 터인데, 이제 배에 실어오는 화물표를 따라서 넘어오게 된다"라는 독특한 설명을 덧붙였다. 신명들이 인간이 타고 가는 배의 화물표에 붙어서 움직인다는 주장이 특기할 만하다. 배는 구원을 상징한다. 고난에 찬 이 세계에서 이상을 향해 '저 세상'으로 건너가는 일을 가능하게 하고 상징하는 것이 바로 '배'다. 이 '배'를 타고 신명들이 와서 우리나라를 세계에서 제일 가는 나라로 만들어줄 것이라는 전망을 제시한 것이다. 증산이 살던 시대에는 화륜선(火輪船)이 있었을 뿐이다. 그런데 현재는 다양한 기술 문명에 기초한 여러 '배'들이 오대양 육대주를 활발하게 운행하고 있다. 그만큼 교역이 활기차게 되고, 그에 따라 신적 존재의 이동과 활동도 자주 있을 것이다. 증산이 우리나라를 최고의 나라로 만드는 일은 각종 선박의 왕래에 따라 점차 이루어지고 있다고 믿어진다.

증산은 배를 움직이며 부르는 뱃노래를 자주 읊었다. '이 세상'에서 '저 세상'으로 가는 구원의 노래를 불렀던 것이다. 우리나라를 전 세계에서 일등 국가로 만들기 위해서 뱃노래를 자주 불렀던 증산의 모습에서 민중 구원과 국가 구원을 향한 그의 확고한 의지를 엿볼 수 있다. 그리고 증산은 인간이 만든 물건 즉 화물표와 같은 것에 신적 존재가 붙어서 움직인다고 주장하여, 신적 의지와 질서에 굴복하거나 예속된다고 이해되고 인식되었던 기존 관념을 과감히 벗어났다. 어쨌든 증산은 장차 우리나라의 국격(國格)과 위상이 높아져 세계에서 으뜸가는 나라가 될 것으로 전망했다. 이러한 증산의 전망과 예상은

21세에 이르러 점차 실현되고 있다는 느낌이 든다. 이미 문화 대국으로 우뚝 선 대한민국의 모습에서 세계 상등국으로의 진입은 단지 시간의 문제일 따름이다.

광제국을 세운다

증산은 "세상을 널리 구원하는 조직이나 기구"를 뜻하는 광제국(廣濟局)을 세운다고 주장했다. 증산은 '뭇 생명을 건지고, 병든 세상을 고치는 일'인 '제생의세(濟生醫世)'를 자신의 사상을 요약하는 핵심표어로 삼았다. 그리고 증산은 "이제 병독(病毒)에 걸린 인류를 건지려 하노라"라고 주장했다. 증산은 "천하가 모두 병들었다"라는 뜻인 '천하개병(天下皆病)'으로 자신이 살던 당대의 위기상황을 진단한 다음, 병든 상태에 놓인 세상을 널리 구원하는 일을 자신의 종교적 목표로 삼았다. 이러한 맥락에서 증산의 사상과 가르침을 계승하고 발전시킨 모든 증산교단의 역사는 어쩌면 '광제국'의 수립으로도 이해된다. 병든 세상을 고치는 일을 목표로 삼아 각기 조직된 단체이기 때문이다. "병든 세상을 널리 구원하는 일을 총괄하는 기구나 조직"을 의미하는 '광제국'을 모토로 삼아 각종 증산교단이 성립되어 제각기 활발한 활동을 했다. 결국 '세계 구원'의 최종적인 이상을 목표로 하여 설립된 증산교단의 각 교파의 역사는 최종적으로 병든 인류를 구원하는 일을 추구하는 성스러운 조직이었던 셈이다.

2부

엄청난 병이 발생하리라

　새 생명의 탄생이나 새 세상의 출현을 위해서는 반드시 먼저 출산이나 격변의 고통이 있어야 한다. 후천(後天)이라는 궁극적 이상사회가 지상에 건설되기 위해서도 우선 이러한 아픔이 뒤따르기 마련일 것이다. 이러한 맥락에서 증산도 후천의 도래가 있기 전에 전쟁과 병겁(病劫)의 대규모 발발을 전망하고 예언했다. 물론 이 위기감이 때로는 시한부적 종말론으로 전개되어 사회에 악영향을 미치기도 했다. 정해진 특정 시점에서 일어날 것이라는 전쟁과 병겁에 대한 지나친 확대해석과 근거가 없는 자의적인 예언 풀이는 증산교단의 온전한 발전을 저해하기도 했다. 일부 증산교단의 종말론적 해석과 위기론 유포 현상은 세상에 대한 그들의 암울한 절망감, 불안감, 해체감이 표현된 것으로 보아야 할 것이다.

천지개벽시대에 전쟁이 있을 것이다

우선 증산은 "천지개벽(天地開闢)시대에 어찌 전쟁이 없으리오?"라고 말했다. 하늘과 땅을 지배하는 근본 질서와 원리가 기초부터 뒤바뀌는 시기를 맞아 마땅히 전쟁이 발발하리라는 주장이다. 그 구체적인 양상과 시기에 대해서는 더 이상의 언급은 없다. 아마도 지구의 곳곳에서 끊임없이 발생하는 국지전(局地戰)에 대한 예언으로 짐작될 뿐이다.

한편 증산은 "전쟁은 장차 끝을 막으리라"라고 말하여, 그 전쟁이 오랫동안 이어지지는 않고 다만 일정한 기간에 걸쳐 잠시만 이어질 것이라고 예언했다. 따라서 증산은 전쟁의 발발과 전쟁의 종식 모두를 함께 예언한 셈이다. 따라서 증산은 엄청난 변화의 시기에 소규모의 전쟁이 자주 발발할 것이지만, 전쟁으로써 급격한 위기상황이라는 정세가 전개되지는 않으리라고 전망했다.

천하가 모두 병들었다

증산은 "천하개병(天下皆病)"이라는 말을 자주 사용했다. 그는 온 세상이 철저하고 심각하게 병이 든 상태라고 진단했다. 세상의 어느 한 군데도 온전하지 않고 심한 병이 든 모습이 바로 증산이 바라보았던 당대의 위기상황이었다.

그렇다면 이러한 '병이 든 상태'의 원인은 과연 무엇인가? 증산은 '무도(無道)'라고 대답했다. '인간이 마땅히 지켜야 할 이치나 도리'를 뜻하는 도(道)가 없어진 상태가 바로 천하가 병든 상황을 표현한다. 도가 없어지거나 사라진 상태가 바로 병이 든 상태를 가리키는 판단의 근거라는 입장이다.

구체적으로 증산은 "망기군자무도(忘其君者無道), 망기부자무도(忘其父者無道), 망기사자무도(忘其師者無道), 세무충(世無忠), 세무효(世無孝), 세무열(世無烈), 시고(是故), 천하개병(天下皆病)"이라고 말했다. "임금을 잊어버린 자는 무도하고, 그 부모를 잊은 자도 무도하고, 그 스승을 잊어버린 자도 무도하다. 그리하여 세상에는 충도 없고, 효도 없고, 열도 없게 되었다. 따라서 천하가 모두 병이 들었다"라고 풀이할 수 있겠다. '도가 없는 상태'인 '무도'의 핵심이 충, 효, 열로 표현된 인간이 마땅히 지켜야 할 윤리 도덕과 규범의 부재(不在)라는 주장과 설명이다. 인간의 정신적 가치와 지향이 잘못되었기 때문에 이 세상이 병들었다는 진단이다. 정신적 차원의 어그러짐이 구체적인 병의 형태로 드러난다고 주장한 셈이다.

증산은 이러한 무도에 대한 설명과 함께 "충효열(忠孝烈), 국지대강(國之大綱), 연(然), 국망어충(國亡於忠), 가망어효(家亡於孝), 신망어열(身亡於烈)"이라고 말하기도 했다. 충, 효, 열이 나라의 근본을 지키는 윤리 규범이라는 사실은 분명하지만, 그를 지나치게 강조하는 사회 풍조로 인해 오히려 나라는 충성 때문에 망하고, 가정은 효도 때문에 망하고, 개인은 절개 때문에 망한다고 설파했던 것이다. 충성, 효도, 절개를 너무 강조하다가 국가, 가정, 개인의 근본과 도리를 벗어날 수 있다는 점을 경계한 대목이다.

또 증산은 "병자기이발(病自己而發)"이라고 말했다. 병은 스스로 불러일으키는 것이 대부분이라고 진단한 것이다. 병의 발생은 외부적 요인과 내부적 요인으로 크게 구별할 수 있을 터이지만, 대다수가 자신의 잘못으로 인해 발생한다고 주장한 대목이다. 남을 탓하기 이전에 나 스스로 먼저 살펴서 병의 원인을 파악하라는 가르침이다.

그리고 증산은 "병에는 대세(大勢)와 소세(小勢)가 있다. 대병(大病)은 약이 없고, 소병(小病)은 혹 약이 있다. 대병의 약은 안심안신(安心安身)이요, 소병의 약은 사물탕(四物湯) 80첩이다"라고도 말했다. 병의 종류를 큰 것과 작은 것으로 구별한 다음, 큰 병은 약이 없지만 작은 병은 간혹 약이 있다고 주장했다. 나아가 증산은 큰 병의 약은 '몸과 마음을 편안히 하는 일'이라고 강조했다. 신체와 정신을 건강하고 건전하게 유지하는 일이 바로 큰 병을 이기는 지름길이라는 말이다. 앞의 대목에서 큰 병에는 약이 없다고 말한 점을 고려할 때, 안심안신(安心安身)하기는 매우 어렵다는 사실이 짐작된다. 그리고 작은 병의 약은 사물탕을 먹는 일이라고 말한 대목은 일반적인 처방으로도 쉽게 나을 수 있다는 점을 지적한 말인 듯하다.

어쨌든 증산은 "대병은 무도에서 나오고, 소병도 무도에서 나온다"라고 말했다. 큰 병과 작은 병을 가릴 것 없이 모두 '도가 없음' 또는 '도가 행해지지 않는 상태' 때문에 생긴다는 주장이다. "인간의 정신과 규범 유지상태가 병의 원인이 된다"라고 인식한 점이 특기할 만하다. 그렇다면 도의 유지나 회복이 있으면 자연스럽게 온갖 병을 물리칠 수 있다고 주장한 셈이다. 도덕 규범의 회복과 복구 여부가 병의 치유를 좌우한다는 주장이다.

이와 관련하여 증산은 "유도(有道)를 얻은즉 대병이 약을 쓰지 않고도 저절로 나을 것이며, 소병도 물약자효(勿藥自效)하리라"라고 말했다. 도를 얻기만 하면 큰 병이든지 작은 병이든지에 상관없이 특별한 약이나 인위적인 처방을 사용하지 않고도 그 병이 저절로 낫게 되리라는 주장이다. '물약자효'는 증산이 대병과 소병에 이상적인 처방으로 제시한 말이다.

한편 증산은 "지천하지세자(知天下之勢者), 유천하지생기(有天下之生氣). 암천하지세자(暗天下之勢者), 유천하지사기(有天下之死氣)"라고 말했다. "천하가 돌아가는 기세를 잘 아는 사람에게는 천하의 생기가 있을 것이고, 천하가 돌아가는 운세에 어두운 자에게는 천하의 죽을 기운이 있을 따름이다"라는 뜻이다. 생기(生氣)는 병이 완치된 건강한 상태를 가리킨다. 이는 천하의 운행질서와 그 진행방향을 주의해서 살피라는 말이다. 항상 세상의 형편과 추세를 예의 주시하고 그 변화에 민감하게 반응해야만 크고 작은 병을 극복할 수 있다는 주장이다.

급살병이 돌 것이다

증산은 "동서양 싸움을 붙여 기운 판을 바로잡으려 하나, 워낙 짝이 틀려 겨루기 어려우므로, 병(病)으로써 판을 고르게 되느니라"라고 말했다. 세계를 일가(一家)로 만들기 위해서는 기존에 쌓였던 분열과 대립과 갈등의 기운을 먼저 없애야 하는데, 그 방편으로 '병의 발발'이 선택되었다는 말이다. 동양과 서양이 맞붙으면 그 체급이 서로 달라 상대가 될 수 없으므로, 동양과 서양이 모두 공정한 입장에서 급속한 전염병 내지 급살병이 돈 후에 세계 통일의 기운이 일어나리라는 주장이다. 전쟁이 한 차례 지나간 뒤에 급속한 속도로 퍼지는 엄청난 전염병이 발생하게 될 것인데, 이는 그 후의 조화와 통일을 위한 불가피한 선택이라는 말이다. 어쨌든 증산은 급살병의 발발을 인류가 맞이할 위기상황의 핵심이라고 주장했다.

또 증산의 "이 뒤에 괴이한 병이 온 세계를 엄습하여 몸 돌이킬 틈이 없이 사람을 죽일 때가 있으리라"라는 말은 그가 말한 급살병의 심각한 위기상황을 잘 표현한 대목이다. 괴병(怪病)으로도 불리는 이 급살병이 발생하면 정신을 제대로 차리기조차 힘들 것이며, 내 몸 하나 건사하기도 매우 어려울 것이라는 상황에 대한 설명이다.

이윽고 증산은 "시속에 부녀자들이 비위만 거슬리면 급살(急殺) 맞아 죽으라 이르나니, 이는 급살병(急殺病)을 이름이라"라고 말하여, 괴병이 곧 급살병으로 불리게 될 것이라고 예언했다. 나아가 증산의 "이 뒤에 괴병이 돌 때에는 자다가도 죽고, 먹다가도 죽고, 왕래하다가도 죽어, 묶어낼 자가 없어 쇠스랑으로 찍어내되, 신 돌려 신을 정신을 차리지 못하리라"라는 말은 실로 엄청나고 급박한 위기를 표현한 대목이다. 괴병 또는 급살병이 도는 시기가 이르면, 사람들이 자다가도 죽고, 음식을 먹다가도 갑자기 죽을 것이며, 오고 가다가도 죽어서 급기야 시신을 처리할 수조차 없을 지경에 이를 것이라고 묘사된다. 시신을 처리하는 과정에서 전염될까 두려워 쇠스랑을 이용해보지만, 미처 신발을 갈아신을 틈조차 두지 않고 전염이 급속하게 일어날 것이라는 참으로 두려운 지경을 표현했다.

한편 증산은 "이제 천하창생이 진멸지경(殄滅之境)에 박도(迫到)하였는데, 조금도 깨닫지 못하고 이(利) 끝에만 몰두하니 어찌 애석하지 아니하리오?"라고 말했다. "진멸지경"은 인류가 모조리 죽음에 이르는 지경을 가리키는 말이다. 실로 전 인류의 전멸이라고 불릴 정도로 엄청난 파급력을 지닌 급살병이 급속도로 전파될 것이라는 충격적인 주장이다. 그런데도 사람들은 자신만의 이익에 몰두하여 그러한 위기가 곧 들이닥칠 것을 애써 부정하고만 있다는 증산의 탄식이다. 증산이 주장하고 예언한 괴병 또는 급살병의 발발이 과연 어떻게 실현될 것인지는 지금으로서는 알 수 없다. 다만 증산이 전쟁, 흉년, 홍수, 화재 등이 아니라 전염병의 발생을 인류 최대의 위기상황으로 설정했다는 사실만 확인할 수 있을 뿐이다.

　어쨌든 증산이 강조한 급살병을 종말론과 말세론으로 곧장 연결해서 이해하는 일은 금물이다. 나아가 이를 근거로 삼아 개인이나 특정 집단의 환상으로써 사람들을 현혹시켜서도 안 될 것이다. 증산이 바라본 미래의 모습은 가까운 장래에 있을 급살병의 발발에 방점이 찍혀 있는 것이 아니라, 그 엄청난 위력을 지닌 병이 지나간 후에 다가올 지상천국의 도래에 중점을 두고 있기 때문이다. 일부 증산교단에서는 급살병이 발생할 지역, 발생 기간, 발생 원인 등에 대해서도 일정한 교리를 세우기도 했다. 이러한 일은 자칫하면 일반인의 위기의식을 불러일으켜 불안감을 만들 뿐이다. 따라서 보다 멀고 긴 시각과 호흡으로 증산이 언급한 급살병 내지 괴병을 인식해야 하겠다.

3부

마음을 고치라

증산의 생각이 오롯하게 전하는 메시지는 기존의 역사적 인물들과는 전혀 다른 파격성을 지닌다. 증산이 지향한 후천이라는 이상사회 자체가 기존 역사에서는 찾아보기 어려운 획기적인 대사건으로 다가오기 때문이다. 그럼에도 불구하고 증산의 생각이나 메시지가 이인(異人)의 특별함으로 치부되거나 단순한 지적 유희로 해석되어서는 곤란하다. 그리고 종교단체의 교리 체계화 작업을 거쳐 순화된 형태로 제시되는 종교 창시자의 언행도 당대의 입장과 상황에서 현재적 관점의 재해석이 요청된다. 종교는 신비한 형태로 객관적인 접근이나 이해가 불가능한 체계에 머물러 있어서는 안 된다. 보다 보편적이고 합리적인 사고와 사유방식으로도 해석이 가능한 체계로 다시 이해되어야 그 온전한 핵심을 이어받을 수 있을 것이다. 신비나 초월의 장막 안에 갇혀 있는 일만이 능사가 아니다. 인간이 일상(日常)의 성화(聖化)를 이루는 데 일정하게 도움을 줄 수 있는 방향이 모색되어야 해당 종교 창시자가 추구하는 원대한 이상의 실현이 비로소 가능할 것이다.

흔히 특정한 종교는 무한한 신비를 포함하고 비합리와 초합리적인 것을 포함한 신성한 교리체계로 다가온다. 그렇지만 특정 종교의 이면과 내면마다 제각기 생동하는 진실한 이성으로 인식이 가능한 가르침이 있다는 사실을 부정할 수만도 없다. 그리고 종교에 대한 담론이 특수하거나 신성불가침의 영역만으로 남아서는 일반인의 접근과 이해를 막기 때문에 이러한 태도는 극복하고 지양되어야 마땅하다. 이제 종교의 영역도 보편적이고 객관적인 담론이 있어야 한다. 그렇게 할 때만이 비로소 특정한 종교체계가 가진 역사적 · 문화적 · 사회적 위상이 올바르게 평가될 수 있기 때문이다.

증산은 전통의 계승과 총합적(總合的) 초월(超越)을 시도한 인물이다. 그만큼 증산의 생각들이 가지는 사상적 진폭은 클 수밖에 없다. 그리고 증산은 기존의 모든 역사를 의미하는 선천(先天)의 진액(津液) 즉 엑기스를 뽑아 모아 후천(後天) 새 문명의 기초로 삼는다고 주장했다. 그러므로 증산의 생각이 뜻하는 깊이와 넓이는 만만치 않다. 나아가 증산의 생각은 일반인의 상식을 훨씬 뛰어넘는 고차원적인 형태로 제시되는 것이 많다. 증산이 스스로를 상제 또는 하느님으로 인식하고 있었기 때문에, 그에 걸맞은 정도로 생각의 진폭과 깊이가 있기 마련이다. 이제 우리는 신비의 장막을 걷어내고 증산의 생각들이 가지는 역사적 의미와 맥락을 살펴 그 사상적 위상을 제대로 정립해야 할 시점에 서 있다.

태초에 원한이 있었다

증산은 인류 역사를 '갈등과 원한'의 관점에서 이해한다. 그는 역사의 초기 단계에 이미 원한이 있었다고 주장하며, 이는 선천(先天)이라는 기존 역사의 질서와 원리가 상극(相克)을 바탕으로 전개되었기 때문이라고 설명했다. 상극의 이치가 인간과 만물을 맡아 다스리는 시대가 지난 역사인 선천이었다는 말이다. 증산은 중국의 전설적인 제왕인 요 임금의 아들 단주가 인류 최초로 깊은 원한을 품었던 인물이라고 설명한다. 그 이전에도 인간은 원한을 맺었겠지만, 뚜렷하고 의미 있는 원한을 품은 최초의 인물이 바로 단주였다는 말이다. 나라를 다스리는 권력을 계승하는 문제와 관련된 사건에서 엄청난 원한이 일어났다는 설명이다. 요 임금이 자신의 아들인 단주를 배제하고, 나라를 순 임금에게 선양(禪讓)하고 두 딸도 순에게 시집보내자, 단주는 깊은 원한을 품게 되었고, 그의 원한이 세월을 거쳐 점차 쌓였다고 설명한다. 단주에게서 시작된 원한은 급기야 세상을 폭파시켜버릴 지경에까지 이르렀으며, 그 원한을 해소하지 않고서는 인류가 참된 이상을 실현하기 어렵다는 종교적 해석이 이어진다. "인류 역사는 원한으로부터 시작되었다"라는 것이 증산이 강조한 바이다. 물론 증산의 이러한 주장은 자신이 이러한 쌓인 원한을 남김없이 풀어 없앨 것이라는 입장에서의 세계 이해이기도 하다.

하늘과 땅의 질서를 고친다

증산은 우주의 질서와 원리를 근원부터 뜯어고친다는 '천지공사(天地公事)'라는 종교적 행위를 행한 인물이다. 증산은 자신이 천지공사를 보는 일을 "천지도수(天地度數)를 새로 정한다"라고도 표현했다. 증산이 행한 천지공사는 일단 '자기'를 중심으로 세계를 재편하는 일이다. 증산이 자신을 세계의 중심에 놓고 모든 일을 인식하고 결정하는 일이기도 하다. 어쨌든 증산은 스스로를 '상제' 또는 '하느님'으로 인식했고, 그 결과가 바로 천지공사의 집행으로 나타났다.

또 증산의 천지공사는 행동하는 신(神), 즉 '일하는 하느님'을 강조한다. 공사(公事)라는 용어 자체가 '공적인 일을 행한다'라는 뜻으로, 공사를 주재하고 집행하는 하느님의 역할을 강조한 말이다. 존경과 믿음과 추앙을 받기만 하는 신이 아니라, 직접 땀을 흘리고 노력하며 '노동하시는 하느님'이 바로 증산이 주장하고 강조한 최고신이다. 바로 이러한 맥락에서 증산은 단순히 생각하기만 하는 신과 계획하기만 하는 신을 강력하게 거부한다. 직접 나서서 행동하는 '일하는 하느님'이 증산이 추구한 바다.

그리고 증산의 "나의 일은 모든 것을 신명(神明)으로 더불어 작정하는 것이므로 한 가지라도 사사로이 못 한다"라는 말이 전한다. 이는 나 홀로 움직이고 활동하는 신이 아니라 여러 신들 또는 신명들과 함께 어울려 행동하는 신을 상정하는 말이다. 모두 함께 노력하는 협동과 협력을 통해서 신계(神界)의 질서가 재편되리라는 주장이다. 어쨌든 증산은 하늘과 땅으로 상징되는 전 우주의 근원적 변혁을 도모한 종교적 인물이다.

그가 추구하고 이상으로 삼은 원리나 질서는 기존의 그 어떤 것과도 비교할 수 없는 새로운 차원으로 전개될 것으로 기대되고 믿어졌다.

시루

증산의 호에 보이는 '시루 증(甑)'은 통합사상의 핵심적 상징어다. 시루는 통일을 지향하는 물건이며, 기존의 모든 사상, 철학, 종교, 문화의 종합을 추구한다. 선천의 온갖 생각의 파편들을 한데 모아 쪄서 새로운 차원으로 승화시키는 일이 증산이 추구한 시루가 가지는 본래 뜻이다. 오로지 기존의 모든 것들의 핵심인 엑기스를 뽑아 모으는 일이 시루의 기능이요 기대되는 역할이다.

증산의 시루에는 모든 것이 통합된다. 다양한 가치, 학문적 지식, 삶의 형태, 관계 맺음 등이 긍정적으로 수용되고 포용되며 통합된다. 그 엑기스를 바탕과 기초로 삼아 새로운 세상 즉 후천 문명이 세워질 것으로 전망된다. 따라서 증산의 시루는 거대한 사상적 용광로에 비유할 수 있을 정도로 큰 그릇이다. 선천 문명의 핵심을 뽑아 모아 후천 문명의 진수(眞髓)로 삼는 일이 바로 증산이 행한 종교적 행위다.

> "모든 족속들은 각기 색다른 생활경험으로 인하여 유전된 특수한 사상으로 각기 문화를 지어내어, 그 마주치는 기회에 이르러서 마침내 큰 시비(是非)를 이루나니, 그러므로 각 족속의 모든 문화의 진액(津液)을 뽑아 모아 후천문명(後天文明)을 기초를 정할지니라."

위의 인용문은 증산의 시루가 가지는 상징적 의미를 잘 나타내는 말이다. 세계의 여러 민족마다 제각기 고유한 사상과 생활경험을 가지고 특유의 문화를 지었다. 그런데 그 문화들이 각기 지역의 경계에서 이웃 문화와 맞닥뜨려 엄청난 시시비비(是是非非)를 가리는 형국으로 인류문명이 전개되었다. 따라서 그들 여러 민족 문화의 핵심을 뽑아 모으는 일이 바로 새로운 세상 즉 후천문명의 기초가 될 것이라는 말이다. "각 족속의 모든 문화의 진액을 뽑아 모으는 일"이 바로 증산의 시루가 하는 일이요, 요청되는 기대다.

나아가 증산은 "뭇 이치를 모아 크게 이루나니, 이른바 개벽(開闢)이라"라고 말했다. 여러 원리와 이치들이 한데 모여 크게 이루는 일이 바로 개벽이라는 정의다. 나뉘고 분열된, 개인이나 집단 그리고 국가나 민족마다 서로 다른 이치와 이념으로 어지럽게 분립된 현상을 통일시켜 승화시키는 일이 바로 새 문명을 여는 일인 개벽이라는 주장이다.

천리는 도수가 있다

증산의 "인사(人事)는 기회(機會)가 있고, 천리(天理)는 도수(度數)가 있다. 그 기회를 지으며 도수를 짜내는 것이 천지공사의 규범이다. 그 규범을 버리고 억지로 일을 꾸미면 천하에 재앙을 끼치게 된다"라는 말이 전한다. 인간의 일에는 다양한 선택의 기회가 있고, 하늘의 이치에는 정해진 질서가 있다. 그런데 그 기회를 새로 짓고 도수를 새롭게 짜내는 일이 바로 천지공사의 올바른 틀이라고 한다. 증산은 새 기회를 만들고, 새 도수를 정하는 일이 천지공사의 핵심이라고 강조했다. 이처럼 기존에 미리 정해진 질서와 원리를 근본에서부터 확실하게 바꾸는 일이 하늘과 땅의 운수를 새롭게 정하는 천지공사(天地公事)라는 주장이다. 증산은 '정해진' 질서와 원리를 '뜯어고친다'라는 파천황적인 선언을 했다. 흔히 주어진 질서나 원리를 따르는 일이 일반적인 가르침이라는 점에 반해, 증산은 기존의 익숙한 습관과 행동에서 과감히 벗어나 새로운 질서와 규범을 세우라고 가르쳤다. 그리고 이러한 일을 '천지공사'라고 불렀다.

발상의 대전환이 이루어졌다. 우주의 질서를 근본부터 재편하겠다는 것이 증산이 행했던 생각의 핵심 요지다. 증산은 우주의 질서나 원리라고 하더라도 '내가 바꿀 수 있다'라는 입장에서 천지공사라는 종교적 행위를 했다. 그의 이러한 생각은 인류 역사상 처음 있는 사건이라고 해도 과언이 아닐 것이다. 증산은 자신의 천지공사가 옛일을 잇는 일도 아니고, 예전의 인물이나 사상을 계승하는 일도 아니라고 확실히 주장했다. 그는 "오직 내가 처음 짓는 일"이라는 점을 강조했다. 여기서 '내'라는 주체가 확실히 드러난다는 점이 주목되며, '처음'도 주의 깊게 살펴야 할 대목이다. 요컨대 증산의 천지공사는 증산이 처음 주도하여 이루는 새로운 사건으로 역사의 무대에 새롭게 제시된 개념이라는 사실이 중요하다.

제생의세는 성인의 도다

  '제생의세(濟生醫世)' 즉 '고난에 처한 백성들을 건지고, 병
든 세상을 고치려 한다'라는 말은 증산이 독창적으로 만든 조
합어다. 따라서 제생의세는 증산의 생각과 가르침을 집약한
말이기도 하다. 증산은 '제생의세'와 대비되는 말로 '재민혁세
(災民革世)'라는 말을 사용했다. '재민혁세' 즉 '백성들을 재앙에
빠뜨리고, 세상을 변혁시킨다'라는 말은 증산에 따르면 웅패
(雄霸)의 술(術)이다. 반면 '제생의세'는 성인(聖人)의 도(道)다.
증산은 영웅적 기개를 가지고 세상을 평정하는 웅패의 술법을
따르는 대신 '제생의세' 하는 성인의 도를 따르라고 가르쳤다.

  물론 증산은 "이전에는 판이 좁아서 성(聖)으로만 천하를
다스리기도 하고 웅(雄)으로만 다스리기도 하여왔으나, 이제
는 판이 넓어서 성과 웅을 합하여야 하나니라"라고 말하여, 본
격적인 판이 전개되는 시점을 맞이하여 앞으로는 성과 웅을
합치는, 즉 성과 웅을 겸비하는 마음과 자세가 요구된다고 강
조하기도 했다. 어쨌든 증산은 웅보다는 성을 더욱 강조했다.
'판'으로 대변되는 새로운 세상의 질서를 짜는 일에는 성인의
도를 주축으로 삼고, 여기에 웅패의 술이 합쳐져야 한다고 강
조한 것이다.

각기 자유행동에 맡긴다

증산은 "원래 인간(人間)에서 하고 싶은 일을 하지 못하면 분통이 터져서 큰 병을 이루나니, 이제 모든 일을 풀어놓아 각기 자유 행동에 맡겨 먼저 난법(亂法)을 지은 뒤에 진법(眞法)을 내리라"라고 말했다. 그는 인간이 세상에서 자기 마음대로 하고 싶은 일을 하지 못하면 큰 병이 된다고 주장했다. 사람이 병이 드는 원인의 하나로 정신적 차원의 만족감을 채우느냐의 문제가 있다고 강조한 셈이다.

그렇다면 이러한 병을 다스릴 수 있는 실제적인 방법은 과연 무엇인가? 이에 대해 증산은 "모든 일을 풀어놓아 각자의 자유의지와 행동에 맡긴다"라는 처방을 내린다. 그는 수많은 사람들이 각자 지닌 욕망과 의지를 마음껏 남김없이 발산해야 비로소 큰 병이 다스려질 것이라고 주장했다. 따라서 증산의 이러한 처방은 일단은 '어지러운 법'으로 표현되듯이 혼란스럽게 보이지만, 결국은 '참된 법'으로 귀결될 것으로 전망된다. 진법이 나오기 위해서는 먼저 난법이 있어야 한다는 말이기도 하다. 이는 혼란이 있은 다음에야 비로소 안정이 올 것이라는 말이다.

"오직 모든 일에 마음을 바르게 하라. 거짓은 모든 죄의 근본이요, 진실은 만복(萬福)의 근원이라."

무엇보다도 '마음 바르게 하기'에 힘쓰라고 가르친 것이다. 인간의 마음이 거짓과 진실을 가늠하는 훌륭한 잣대가 된다는 주장이다. 증산은 그 이유에 대해 거짓은 모든 죄의 근본이고, 진실은 만복의 근원이라고 정의했다. 죄는 거짓에서 생기고, 복을 받기 위해서는 진실한 마음으로 행동하라는 말이다.

한편 증산은 "운수(運數)는 좋지마는 목 넘기기가 어려우리라"라고 말했다. 후천선경이 다가오는 운수는 그지없이 좋고 훌륭하지만, 그 운수를 감당해서 목숨을 건져 살아남는 일은 지극히 어려울 것이라는 경계의 말이다. 좋은 운수를 맞이하기 위해서는 그에 따르는 책임을 다해야 한다. 각자가 스스로 행하는 말과 행동에 따라 개개인의 운명과 운수가 확연하게 갈린다는 주장이다. 이처럼 증산은 일상적 삶으로의 회귀와 그 성화(聖化)를 다시 한 번 강조했다.

상생의 도로써 세상을 평안케 하리라

"새 세상을 보기가 어려운 것이 아니라 마음을 고치기가 어려운 것이다. 이제부터 마음을 잘 고치라."

증산은 이와 관련하여 "이제부터 마음을 잘 고치라"라고 말했다. 증산은 선천의 상극(相克) 문명이 종언을 고하고, 이어서 후천의 상생(相生) 문명이 새롭게 전개될 것이라고 밝은 미래를 전망하고 확신했다. 상생의 도가 펼쳐지면 이에 따라 점차 세상이 평안하게 될 것이라고 주장했으며, 인류 앞에는 희망에 찬 밝은 미래가 있다고 낙관적인 전망을 시도한 셈이다. 크고 작은 전쟁이나 일시적으로 급박히 전개되는 괴병이나 급살병이 있을 것이지만, 그 위기를 잘 극복하면 상생의 지고(至高)의 가치가 궁극적으로 실현되는 이상사회가 전개되리라는 예언을 한 증산은 참으로 '기쁜 소식'의 선포자요 전달자로 기억되어야 마땅하다. 일부 증산교인들이 일시적인 위기상황을 과대 해석하고 과장하여 절망적인 상황을 시한부종말론적 관점에서 제기하기도 했지만, 기본적으로 증산이 인류 앞에 제시한 전망은 밝고 희망찬 것이라는 사실은 분명하다. 상극의 문명과 사회를 전면적으로 변혁하여 상생의 문명과 사회의 도

래를 엄숙하게 선포한 증산은 위대한 문명의 대전환을 예언한
혁신적 대사상가가 틀림없다.

이때는 해원시대라

"이때는 해원시대라(解冤時代)"는 증산이 자신이 살던 당
대에 대해 내린 정의 가운데 하나다. 증산은 자신의 시대가 지
금까지 쌓여왔던 모든 원한이 점차 풀어지기 시작하는 때라고
선언했다. 인류의 원한이 남김없이 풀어 없어지는 시대가 곧
전개될 것이라는 복된 전망이다. 온갖 원한이 궁극적으로 풀
어 없어지는, 즉 분열과 갈등과 대립이 모두 사라지는 이상적
인 사회를 예언한 셈이다.

또 증산은 "이때는 해원시대라. 남녀의 분별(分別)을 틔워
각기 하고 싶은 대로 하도록 풀어놓았으나, 이 뒤로는 건곤(乾
坤)의 위차(位次)를 바로잡아 예법을 다시 세우리라"라고 말했
다. 인류가 품어왔던 원한 가운데 남성과 여성 사이에 맺힌 원
한에 대해 주목한 대목이다. 그는 남녀의 구별과 차별을 틔워
각자 하고자 하는 바에 따라 마음껏 행동하도록 자유를 줌으

로써 그들 사이의 원한들이 점차 없어질 것이라고 주장했다. '마음을 먹은 대로 자유의지에 따라 행동함'이 해원(解冤)의 핵심 키워드다. 그렇지만 증산은 "건곤의 질서와 차례를 바르게 잡는다"라고 말하여 남성과 여성이 각자의 특성에 맞춰 균형을 이루는 이상적인 세상이 오리라고 전망했다. 새로운 예법이 출현하여 남녀 사이에 새로운 질서가 세워질 것이라는 말이다.

한편 증산은 "이제 해원시대를 당하여 모든 신명(神明)이 신농(神農)과 태공(太公)의 은혜를 보답하리라"라고 말했다. 동양문화권에서 신농은 농사짓는 법과 의약(醫藥)을 가르쳐 천하가 그 후한 은택을 입어왔고, 강태공(姜太公)은 제잔금폭(除殘禁暴)의 묘략(妙略)을 전수하여 천하가 그 덕을 입어왔다는 이야기가 전한다. 이러한 신농씨와 강태공의 은혜를 신적인 존재들인 신명들이 갚기 시작하여 비로소 밝고 찬란한 문명의 전개가 시작될 것이라는 전망이다. 원한을 갚는 행동들이 이어질 때 비로소 인류문명의 재정립이 이루어질 수 있으리라는 주장이다.

또 증산은 "이때는 해원시대라. 몇천 년 동안 깊이깊이 갇혀 있어 남자의 완롱(玩弄)거리와 사역(使役)거리에 지나지 못하던 여자의 원(冤)을 풀어 정음정양(正陰正陽)으로 건곤을 짓게 하려니와, 이 뒤로는 예법을 다시 꾸며 여자의 말을 듣지 않고는 함부로 남자의 권리를 행하지 못하리라"라고 말했다. 증산은 앞으로는 기존 역사에서 맺혔던 여성들의 수많은 원한이 남김없이 사라지는 시대가 될 것이라고 예언한다. 지난 시절에 여성들은 남성들의 노리갯감이나 심부름꾼 역할에 머물러 억울한 원한이 많이 맺혔지만, 이제 해원시대가 되면서 이러한 원한들이 점차 없어질 것이다. 그리고 장차 올바른 음양(陰陽)의 원리와 질서가 바로잡혀 남성과 여성의 진정한 본연적 가치가 제대로 실현될 것이라고 설명한다. 나아가 증산은 그때가 되면 오히려 여성의 말을 듣지 않으면 남성들이 제 권리를 마음대로 행하지 못하는 때가 오리라고 전망한다. 여성을 우대하고 잘 대접하는 시대가 열릴 것이라는 예언이다.

그리고 증산은 "이때는 해원시대라. 천한 사람에게서부터 교(敎)를 전하리니, 무당 여섯 명을 불러오라"라고 말한 적이 있다. 해원시대에는 미천한 사람들이 먼저 교를 전해 받으리라는 주장이다. 증산은 기존 역사에서 천대받았던 이들의 대표로 무당을 손꼽고 이들에게 먼저 자신의 교를 전해주리라고 역설했다. 앞으로는 교와 도(道)로 표현되는 시대를 주도하는 올바른 가르침이 미천하고 신분이 낮은 사람들에게서부터 먼저 시작되리라고 전망한 셈이다.

이제는 인존시대(人尊時代)니라

증산은 "천존(天尊)과 지존(地尊)보다 인존(人尊)이 크니, 이제는 인존시대니라"라고 선포했다. 참으로 놀라운 파격적인 발상이다. 하늘을 우러르던 시대를 지나고, 땅을 높이던 시대를 지나, 이제 바야흐로 인간이 가장 존경받고 우대받는 새 시대가 올 것이라는 전망과 예언이다.

인존시대는 인간에 대한 근원적 성찰을 요구한다. 지난 시절의 역사적 인간을 지양하고 새로운 인간형을 제시한다. 나아가 인간에게 내장된 무진장한 가능성을 궁극적으로 발현하여 완성된 인간으로 거듭남을 지향한다. 인존시대의 도래는 인류의 사상사에서 획기적 전환점을 마련했다. 완전히 새로운 근본적 인간혁명을 시도한 것이다. 인존시대와 인존사상은 역사의 도도한 물줄기를 급격하게 돌리는 전혀 새로운 사상이다. 따라서 증산은 진정한 의미에서의 인간 중심의 세계관과 역사관을 주장하고 강조했던 인물이다.

인존은 만물의 영장(靈長)인 인간에 대한 새로운 이해를 도모한다. 새로운 인간형의 탄생이 없이는 진정한 의미에서의 개벽이라는 새 세상의 열림은 불가능할 것이다. 과거의 낡음과 과감히 단절하고 현재를 단속(斷俗)한 획기적인 비약의 차

원에서만 새 문명의 전개가 비로소 시작될 것이라는 생각이
깊이 반영되었다. 한마디로 말해 인존사상은 사고의 대혁명
을 일으켜 인간 생명을 갱신하라는 종교적 가르침이다. 그리
고 인존시대는 인간의 존엄성에 대한 새로운 각성이 이루어지
는 세상이다. 즉 인간 평등의 가치관이 궁극적으로 이루어지
는 사회다. 또 인존시대의 인간은 자율적 자유의지를 지닌 주
체적이고 능동적인 사람이다.

　　개벽은 상제(하느님)의 문제가 아니라 어디까지나 인간의
문제다. 상제는 개벽을 구상하고 설계했지만, 그 개벽을 추구
하고 완성하는 일과 개벽을 이루어가는 일은 인간이 맡는다.
이와 관련하여 증산은 '일꾼'이라는 표현을 사용했다. '일꾼'은
일하는 사람, 움직이는 자, 행동하는 인간을 뜻하는 말이다. 그
러므로 인존시대를 맞이한 인간은 새로운 가치관과 질서에 기
초한 새 문명 건설에 적극적으로 참여해야 한다. 여기에는 대
시적(待時的) 태도는 거부되어야 하고, 인간의 주체적이고 자
율적인 활동과 의지가 요청된다. 인간의 주체적 발상과 실제
적 행동에 따라 새 세상은 조금씩 열려갈 것이다. 따라서 천존
(天尊)과 지존(地尊)으로 대표되는 인간 이외의 신적 혹은 초월
적 존재에 대한 맹신과 신비와 의뢰는 배격되어야 마땅하다.

　　한편 증산은 "사지당왕(事之當旺)이 재어천지(在於天地)요,

필불재인(必不在人)이라. 연(然)이나 무인(無人)이면 무천지고(無天地故)로, 천지생인(天地生人)하여 용인(用人)하나니, 이인생(以人生)으로 불참어천지용인지시(不參於天地用人之時)면 하가왈인생호(何可曰人生乎)아?"라고 말했다. "어떤 일이 왕성하게 흥하는 것은 하늘과 땅(의 주재)에 달려 있고, 인간에게 달려 있지 않음은 분명한 사실이다. 그러나 사람이 없으면 하늘과 땅도 없는 것과 마찬가지이므로 천지가 사람을 낳아 사람을 활용하여 일을 이루나니, 인생(人生)으로서 천지가 사람을 쓰려는 때에 참가하지 않는다면 그 어찌 참된 인생이라고 평가할 수 있겠는가?"라는 뜻이다. 어떤 일의 진행과 과정의 흥왕은 천지에 달려 있지만, 그 일의 실제 마무리와 완성은 어디까지나 인간의 문제이자 몫이라는 말이다. 만일 일할 사람이 없다면 천지 자체도 없는 것이나 다름이 없을 것이다. 따라서 천지는 사람이 일할 수 있도록 도와주는 것이니, 참된 인생을 살려면 반드시 천지가 사람을 쓰는 시기와 때를 맞춰 적극적으로 참여해야 마땅하다고 해석할 수 있겠다. 인생, 즉 인간의 삶이 진정한 의미를 지니기 위해서는 하늘과 땅이 주재하는 계획과 일에 적극적으로 참여해야 마땅하다고 풀이할 수 있다. 어쨌든 이 문장은 인간의 역할을 매우 강조하는 대목으로 인간의 삶이 지니는 가치를 중요하고 필수적으로 생각하는 대목이다.

후천이라는 새 시대의 중심은 제도나 시스템이 아니라 이를 주관하는 '인간'이다. 역사는 신적 존재의 개입이나 주도로 전개되는 것이 아니다. 이제는 인간의 행위로 진행되고 전개된다는 것이 증산의 주장이며 강조하는 바다. 이러한 맥락에서 증산은 하늘과 땅에 의존하고 의지하던 기존 시대의 인식의 틀과 사고방식에서 과감하게 벗어나 '인존(人尊)'의 핵심인 근원적인 인간혁명을 외치고 이에 수반되는 걸맞은 행동을 해야 비로소 이상사회가 올 수 있다고 설파한다. 따라서 새 시대를 향한 사회시스템의 변혁과 혁명은 인간에서 찾아야 할 것이며, 본질적이고 진정한 의미에서의 인간학이 중심이 되어야 마땅하다.

　　그리고 인간을 억압하는 그 어떠한 관념적인 폭력도 허용되어서는 안 된다. 이제 신 또는 신명의 수종과 접대를 받는 인간이 지배하는 새로운 세상이 전개될 것이다. 이는 기존의 인간과 신을 긴장 관계와 상하 관계에 놓는 사고방식의 대전환을 모색한 새로운 사상이다. 기존의 '신(神)' 관념에 근본적 대혁명을 이루어야 할 것이라는 주장과 강조다. 인존사상은 인간 위에 초월적이고 신비하게 군림하는 독재적 신을 철저히 거부하는 새 사상이다. 이와 관련하여 증산은 회의체의 대표이자 협의제를 통해 신명계(神明界)를 다스린다고 믿어진다.

최고의 주재신(主宰神)인 증산 스스로가 인간의 몸으로 이 땅에 내려와 천지공사를 집행하였고, 인간 중심의 새로운 질서와 원리를 제시했다. 나아가 증산은 장차 인간이 신을 부리고 지배하는 '신인(神人) 관계의 대역전'이 이루어질 것이라고 예언했다. 이제 새 시대의 중심은 신이 아니라 인간이 맡았다는 발상의 근본적인 대전환을 선포한 셈이다.

증산에 따르면 이제 세계의 중심은 인간이다. 신이나 신적 존재가 아니다. 증산은 인간으로서의 자신의 본질, 즉 인간성이 궁극적으로 발현되는 새 시대의 도래를 선언했다. 그리고 증산이 추구한 이상사회는 인간(人間) 세상을 넘어선 천상(天上)의 피안적(彼岸的)인 것이 절대 아니며, 현세를 살아가는 인간들의 극히 인간다운 것을 추구하는 새로운 차원의 가르침이다. 그렇다면 인간이 진정으로 인간일 수 있는 것은 과연 어떤 것일까? 인간의 내면이 되는 이성, 의지, 심정을 충분히 전개함으로 인해 비로소 가능할 것이다. 또 같은 목표를 가진 사람들의 능동적인 집단운동과 협의적인 집단지성에 의해야 비로소 바람직한 이상의 추구가 가능할 것이다. 인간주의적인 목표를 공유하고 다른 사람과 함께 능동적으로 일하고, 말하고, 계획하고, 의미 있는 무언가를 하고 싶어하는 개개인의 욕구들을 충족시켜나가야 비로소 새 세상이 점차 열릴 것이다.

그러므로 인존(人尊)사상은 인간의 평등성에 관한 근본적 인식을 제고시켰다.

이 시대는 원시반본하는 시대라

증산의 "이 시대는 원시반본(原始返本)하는 시대라. 혈통줄이 바로잡히는 때니, 환부역조(換父易祖)하는 자와 환골(換骨)하는 자는 다 죽으리라"라는 말이 전한다. 증산이 내린 시대에 관한 정의 가운데 이제 "원시반본하는 시대"가 추가되었다. "태초의 시작으로 회귀하며 근본으로 되돌아가는 시대"라는 뜻인 원시반본시대는 "혈통줄이 바로잡히는 때"로 규정된다. 이는 조상의 혈통의 계통이 바르게 정리되는 시대다. 따라서 특정한 종교의 교리에 맞춰 자신의 아버지를 바꾸고 할아버지를 고치는 자와 뼈대와 조상을 부정하는 자는 모두 죽을 수밖에 없을 것이라고 주장한다. 자신의 조상을 부정하고 조상의 내력을 바꾸는 사람들을 경계한 말이다. 증산이 "모두 죽을 것이다"라고 매우 부정적으로 전망한 일은 상당히 드물다. 따라서 증산은 그만큼 자신의 조상을 인정하고 혈통줄을 보전하는 일의 중요성을 매우 강조했다.

이 외에도 증산은 "이제는 원시반본이 되어 군사위(君師位)가 한 갈래로 되리라"라고 말했다. 원시반본하는 시대정신을 따라 이제 임금과 스승이 동격이 되어 한 가지로 분류될 것이라는 말이다. 정치적 다스림과 교육적 교화가 모두 같은 정도로 중요하다는 점이 강조되며, 정치와 교육이 같은 범주에 포함될 수 있다는 주장이다.

이처럼 증산은 인간만능주의라는 근대적 사유방식의 한계를 과감히 벗어나 원시반본으로 회귀하는 새 세상이 열릴 것이라고 주장했다. 나아가 그는 정치적 수장(首長)과 함께 교육을 맡은 인물을 동등한 자격으로 존중하라고 가르쳤고, 앞으로는 정치와 교육이 함께 중시되는 시대가 열리리라고 전망했다.

또 증산은 "이제 개벽시대(開闢時代)를 당하여 원시(原始)로 반본(返本)되는 고로, 성(姓)의 원시(原始)가 되는 강(姜)가가 일을 맡게 되느니라"라고 말했다. 태초에 있었던 성씨(姓氏)가 강씨(姜氏)라고 주장한 증산은 바로 이러한 맥락에서 강씨인 자신이 후천이라는 이상향을 새롭게 여는 일인 천지공사를 맡게 되었다고 주장한 것이다.

종교의 대표자인 종장(宗長)을 바꾼다

"선도(仙道)와 불도(佛道)와 유도(儒道)와 서도(西道)는 세계 각 족속의 문화의 근원이니라"라는 증산의 말이 전한다. 증산은 세계 여러 민족 문화의 근원이 선도, 불도, 유도, 서도 등의 종교에 있다고 주장한다. 문화의 핵심이 바로 종교라는 입장이다.

그런데 증산은 다음과 같이 주장했다.

"이제 최수운(崔水雲)은 선도의 종장(宗長)이 되고, 진묵(震默)은 불도의 종장이 되고, 주회암(朱晦庵)은 유도의 종장이 되고, 이마두(利瑪竇)는 서도의 종장이 되어, 각기 그 진액을 거두며 모든 도통신(道統神)과 문명신(文明神)을 거느려 각 족속들 사이에 나타난 여러 갈래 문화의 정수(精髓)를 뽑아 모아 통일하게 하느니라."

증산은 앞으로 '새 종교의 시대'가 전개되리라고 전망했다. 증산은 이러한 새 세상을 맞이하여 기성종교의 대표자인 '종장(宗長)'을 바꾼다고 선언했다. 종교창시자에 대한 믿음으로 이어져온 종교 발달의 역사를 이제 정리하고, 새로운 대표주자를 선정한다는 산뜻한 발상이다. 각 종교를 대표하는 새로운 인물은 선도의 수운(水雲) 최제우(崔濟愚), 불도의 진묵대사, 유도의 회암(晦庵) 주희(朱熹), 서도의 마테오 리치(Matteo Ricci)다. 이제 이들을 중심으로 새로운 후천문명의 정수가 뽑아 모아져 이에 근거한 새 시대가 열리리라고 전망한다. 증산은 자신이 새롭게 임명한 각 종교의 종장(宗長)들이 각 종교마다 있는 도통신과 문명신들을 거느리고 여러 민족의 다양한 문화의 엑기스를 한데 모으는 작업을 통해 문명과 문화의 통일을 시도할 것이라고 주장했다.

명부대왕(冥府大王)을 교체한다

증산은 "전명숙(全明淑)으로 조선명부(朝鮮冥府), 김일부(金一夫)로 청국명부(淸國冥府), 최수운(崔水雲)으로 일본명부(日本冥府)를 각기 주장(主張)케 한다"라고 주장했다. 증산은 이 세상을 벗어난 저승 혹은 명부(冥府)라는 세계의 존재를 인정했다. 사람이 죽은 다음에 가는 세상으로 여겨지는 명부에도 이를 다스리는 우두머리가 있기 마련이다. 그 이전에는 어떤 인물들이 각 나라의 명부를 맡았는지는 알려지지 않았지만, 증산은 이제는 조선의 명부는 전봉준이 맡고, 청국명부는 김일부가 맡고, 일본명부는 최제우가 맡게 된다고 주장했다. 이러한 증산의 종교적 주장과 설명은 그 사실 여부를 판단할 수 없는 신비의 영역에 있는 문제다. 어쨌든 증산은 인간의 사후세계에 대해서도 인정하고 있으며, 그 세계를 다스리는 인물들의 존재도 인정했다. 한국, 일본, 중국의 명부를 맡은 우두머리에 대해서만 언급하고 있다는 점에서 그의 세계 인식이 동아시아를 중심으로 머물렀던 한계를 엿볼 수 있는 대목이다. 그런데 중국과 일본의 명부를 우리나라 사람으로 맡게 한다고 주장한 점이 특기할 만하다.

전봉준은 우리나라의 명부대왕이 되었다

증산은 전봉준을 조선의 명부를 맡은 우두머리로 임명했다. 명숙은 전봉준의 자이다.

"전명숙(全明淑)이 거사(擧事)할 때에 상놈을 양반 만들어주려는 마음을 두었으므로, 죽어서 잘되어 조선명부(朝鮮冥府)가 되었느니라."

전봉준이 조선의 명부대왕이 될 수 있었던 결정적인 이유는 동학농민혁명을 일으킬 때 상놈들을 양반처럼 받드는 시대를 열어주려는 마음을 냈기 때문이라고 설명한다. 전봉준은 비록 혁명의 실패로 인해 사형되었지만, 죽어서는 조선의 명부를 맡은 우두머리로 임명될 수 있었다는 말이다.

이와 관련하여 증산의 "전명숙(全明淑)의 동(動)은 곧 천하의 난(亂)을 동(動)하게 하였느니라"라는 말이 전한다. 전봉준이 일으킨 동학농민혁명은 이후 전 세계로 퍼져나가 각 지역에서 다양한 형태로 전개된 혁명과 난리를 발생시키는 원동력으로 작용했다고 종교적으로 평가한 것이다.

또 증산은 "세상 사람이 전명숙의 힘을 많이 입었나니, 한 몫에 팔십 냥 하는 세금을 삼십 냥으로 감(減)하게 한 자는 전명숙이라. 언론(言論)이라도 그의 이름을 해(害)하지 말라"라고 말했다. 전봉준은 한 사람당 80냥이나 하던 세금을 30냥으로 대폭 낮추도록 만든 인물이기 때문에 비록 말로라도 그를 해하지 말라고 가르친 것이다. 실제로 동학농민혁명이 지난 후에 대대적인 세금감면이 이루어졌다.

여장부(女丈婦)

증산은 "어찌 남장군(男將軍)만 있으리오? 마땅히 여장군(女將軍)도 있으리라"라고 말했다고 전한다. 남성 못지않게 여성의 권위와 능력을 적극적으로 인정하는 발언이다. 이는 남성만 우러르고 위하는 시대를 벗어나 이제 여성에 대한 편견이나 비하가 사라지는 시대가 새롭게 열릴 것이라는 전망이다.

이와 관련하여 증산은 고판례(高判禮, 1880-1935)를 맞이하여 종교적 결혼을 한 후 그녀에게 "이로부터 천지대업(天地大業)을 네게 맡기리라"라고 말했다. 자신의 천지공사를 이어가는 큰 임무를 여성인 고판례에게 맡긴다는 의미다. 이러한 사실에 연유해서인지 훗날 증산교단의 최초 교단이 그녀에 의해 성립된다. 그만큼 증산은 여성의 능력을 최대한 인정했던 것이다.

또 증산의 "이 뒤로는 부인도 각기 닦은 바를 따라 공덕(功德)이 서고 신앙이 모여 금패(金牌)와 금상(金像)으로 존신(尊信)의 표(表)를 세우리라"라는 말이 전한다. 여성도 남성과 마찬가지로 닦은 공덕에 따라 사람들의 존경과 우러름을 받을 수 있고, 그 결과 금으로 만든 패와 상(像)으로도 모셔질 수 있을 것이라는 전망이다. 실제 역사의 전개과정에서 여성의 지위와 역할은 점차 높아지고 많은 분야에 진출하는 실정이다. 앞으로도 이러한 경향은 계속 이어질 것으로 보인다.

그리고 증산은 "도가(道家)에는 반드시 아내의 뜻을 잘 돌려서 아무리 괴로운 일이라도 어기지 않고 순응하여야 복이 이르느니라"라고 말했다. 도(道)를 닦고자 원하는 사람은 반드시 자기 부인의 말을 잘 듣고 따라야 한다는 의미다. 복을 받고 도를 이루기 위해서는 남성이 여성의 말에 따라야 가능할 것이라는 뜻이다. 그만큼 여성의 역할이 매우 커질 것이라는 전망이다.

급기야 증산은 "장차 남녀동권시대(男女同權時代)가 되리라"라고 주장했다. 남성과 여성의 권리가 동등해지는 사회가 전개될 것이라는 말이다. 기존의 역사에서는 남성과 비교해볼 때 억눌리고 억압받았던 여성의 권리가 점차 확대되어 양성(兩性)의 평등이 실현될 것이라는 의미다. 증산의 이러한 말에 힘입어 인류의 역사는 점차 여성의 권리가 급격하게 높아지는 시대에 접어든 지 이미 오래다.

한편 이와 관련한 증산의 "'대장부(大丈夫), 대장부(大丈婦)'라 써서 불사르시니라"라는 종교적 행위가 전한다. 증산은 씩씩하고 강한 힘을 가진 지도자적 남성을 의미하는 대장부(大丈夫)에 비견될 정도의 자격을 갖춘 여성지도자가 이제 등장할 시점이라는 전망을 이러한 종교적 행위를 통해 시도한 것이다. 남성과 여성이 동등한 자격과 위상을 가지게 될 것이라는 의미다. 바야흐로 이 시대는 점차 여성의 파워가 급신장하는 추세에 있다.

또한 증산은 "예전에는 억음존양(抑陰尊陽)이 되면서도 항언(恒言)에 음양(陰陽)이라 하여 양(陽)보다 음(陰)을 먼저 이르니, 어찌 기이한 일이 아니리오? 이 뒤에는 음양 그대로 사실을 바로 꾸미리라"라고 말했다고 전한다. 속언에 음이 양보다 앞서 말해지는 사실에 반해 기존의 역사에서는 여성이 남성에게 속박되고 억압받기만 했던 사정을 비판한 증산은, 앞으로는 여성이 남성보다 우위에 서게 되는 시대가 열려 문자 그대로 음양의 차례가 지켜지게 되리라고 전망한다. 진정 오늘날은 '레이디 퍼스트'의 시대가 열렸고, 열리고 있는 상황이 분명하다.

남조선 배

증산은 자신의 행적에 대해 "이 길은 남조선(南朝鮮) 뱃길이니라"라고 말했다. 남조선으로 가는 배의 항로 또는 남조선으로 향하는 뱃길이 바로 증산의 종교적 행위를 지칭하는 말이라는 의미다. 여기서 남조선은 '남쪽 조선'이라는 말로, 이상적인 미래국토를 상징한다. 이와 관련하여 "만국활계남조선(萬國活計南朝鮮)"이라는 증산의 시도 전한다. 만국 즉 온 세상을 널리 구원하는 계책이 남쪽 조선에 있다는 노래다. 증산이 자신의 도(道)로 세계 구원을 하겠다는 의지를 표명한 대목이다. 조선 후기부터 남조선이라는 용어가 환란과 질병을 피할 수 있는 피난처 내지 이상향으로 인식되기 시작했고, 증산에 이르면 남조선은 그 자체가 구원을 상징하는 대표적 용어로 정착되기 시작한다.

한편 증산의 "시속에 남조선 사람이라 이르나니, 이는 남은 조선사람이란 말이라. 동서(東西) 각 교파(敎派)에 빼앗기고 남은 못난 사람에게 길운(吉運)이 있음을 이르는 말이니, 그들을 잘 가르치라"라는 말이 전한다. 증산은 "남조선 사람"을 "남은 조선 사람"으로 풀이하고, 그 구체적 범주를 "동양과 서양의 많은 종교 교파에 물들지 않은 사람"으로 규정한다. 그들은 얼핏 보면 "못난 사람"으로 보이지만 실은 "길한 운수를 지닌 사람"이다. 어떤 의미에서 남조선 사람은 기존의 종교에 속하지 않은 순박한 사람이며, 구체적으로는 증산 자신의 가르침을 따를 사람들을 가리키는 말이라고 짐작된다. 남(南)을 남쪽으로 해석하지 않고, 우리말의 '남은', '그 어디에도 속하지 않은', '모자라는' 등의 뜻으로 풀이한 점이 특기할 만하다. 증산은 바로 이 '남은' 남조선 사람에 주목했다. 그는 자신의 가르침을 믿고 따르고 실행할 부류로 이들을 선택했다. 증산의 주장에 따르면 남조선 사람들이 주도하여 만국을 살릴 계책이 생길 것으로 전망할 수 있다.

남조선 사람과 관련하여 살 사람은 "들판에서 농사짓는 사람과 산중에서 화전(火田)을 파는 사람과 남에게 맞고도 대항치 못하는 사람이 살아야 하겠나이다"라는 제자의 대답에 증산의 "네 말이 옳으니, 그들이 상등(上等) 사람이니라"라는 말이 전한다. 증산은 못나고 불쌍한 조선의 민중에 주목하고 그들이 바로 최상급의 인간이라고 평가한 것이다. 곧 닥칠 인류의 위기상황을 잘 극복하고 살아날 사람들도 바로 들에서 농사짓고 산에서 화전을 일구고 억울한 일을 당해도 대항하지 못하고 숨죽이며 살아가는 '남은 조선 사람'이라는 주장이다.

남조선과 관련한 증산이 지은 시의 전문은 다음과 같다.

만국활계남조선(萬國活計南朝鮮)
온 세상을 구원할 계책은 남조선에 있으니,

청풍명월금산사(淸風明月金山寺)

맑은 바람이 불고 밝은 달이 비치는 금산사에서 찾으라.

문명개화삼천국(文明開化三千國)

장차 문명은 삼천 나라에 걸쳐 많이 펼쳐질 것이고,

도술운통구만리(道術運通九萬里)

도술과 좋은 운수는 구만 리나 널리 퍼지리라.

그리고 증산은 "남조선 배 도수(度數)를 돌린다"라는 말을 자주 했다. 남조선이라는 이상사회를 만들기 위한 질서와 원리를 미리 결정한다는 뜻이다. 또 증산은 "이 일은 남조선 배 질이라. 혈식천추도덕군자(血食千秋道德君子)의 신명(神明)이 배〔선(船)〕질을 하고, 전명숙(全明淑)이 도사공(都梢工)이 되었느니라"라고 말했다. 그는 자신의 종교적 행위가 남조선을 향한 '노 저음'이라고 명명하고, 남조선 배에는 혈식천추도덕군자들의 신명이 노를 젓고, 전봉준이 선장을 맡았다고 설명한다. 여기서 혈식(血食)은 제사를 지낼 때 올리는 '날것'의 봉헌물을 가리키는 말이다. 천추의 세월 동안 오래도록 후손들의 추앙을 받는 조상 신명들이 남조선을 향하는 배의 노를 젓고 있다고 주장한 것이다. 또 증산은 전봉준을 조선의 명부를 책임지는 인물로 임명했다. 이는 조선의 명부를 중심으로 남조선 배가 운행되고 있다고 주장한 셈이다.

한편 혈식(血食)과 관련해서는 만인(萬人)의 앙모(仰慕)를 받으며 천추(千秋)에 혈식을 끊임없이 받아오게 된 까닭을 물으니 모두 일심(一心)에 있다고 대답했다는 전언이 있다. '한마음', '한결같은 마음'으로 인생을 살았을 때 비로소 죽은 후에도 그 후손들의 지극한 정성과 제사를 받을 수 있다는 말이다.

또 증산은 "남조선 배가 범피중류(汎彼中流)로다"라고 노래했으며, "상륙하였으니 풍파는 없으리라"라고 말하기도 했다. 남조선 배가 두둥실 떠내려가고 있다고 읊었고, 이제 저쪽 땅 즉 이상향에 닿았으니 풍파는 곧 사라질 것이라고 주장했다. 나라의 운수와 남조선 배의 항로에 대해 매우 긍정적인 전망을 시도한 셈이다.

다섯 신선이 바둑을 둔다

"이제 천하대세(天下大勢)를 회문산(回文山) 오선위기혈(五仙圍碁穴)의 형세에 붙여 돌리노라."

"회문산에 오선위기혈이 있으니, 이제 바둑의 원조(元祖) 단주(丹朱)의 해원도수(解冤度數)를 이곳에 부쳐서 조선국운(朝鮮國運)을 돌리려 하노라. 다섯 신선(神仙) 중에 한 신선은 주인(主人)이라. 수수방관(袖手傍觀)할 따름이요, 네 신선이 판을 대하여 서로 패를 들쳐서 따먹으려 하므로 …"

증산은 세계의 정세 변화가 마치 다섯 명의 신선이 모여 바둑을 두는 형국으로 진행될 것이라고 주장했다. 구체적으로는 전라북도 순창군의 회문산에 있다는 '오선위기혈'이라는 혈의 기운에 응하여 주인인 우리나라를 둘러싼 4대 강국의 쟁탈전이 치열하게 전개될 것이라는 말이다. 미국과 소련이 대국을 두고, 일본과 중국이 훈수를 두고, 우리나라는 주인이 되어 바둑을 두는 광경을 바라보는 듯이 국제정세의 변화와 전개가 있을 것이라는 전망이다. 실제로 증산 이후에 전개된 동북아시아의 정세 변화는 다분히 그러한 형국으로 진행되고 전개된 것은 엄연한 사실이다. 어쨌든 증산이 천지공사를 행한 결과로 세상에 실제로 정치적 사건이 일어날 수 있었다고 믿는 신앙의 역사가 오늘날까지 전하고 있음은 분명하다. 향후 바둑놀이의 주관자 입장인 우리나라가 남과 북으로 나뉘어 대결을 벌여 최종 승자가 가려질 때까지 이러한 국제정세의 양상이 유지될 것으로 전망되기도 한다.

> "현하(現下) 대세(大勢)를 오선위기(五仙圍碁)의 기령(氣靈)으로 돌리노니, 두 신선은 판을 대하고, 두 신선은 각기 훈수하고, 한 신선은 주인이라. 주인은 어느 편도 훈수할 수 없어 수수방관하고 다만 공궤(供饋)만 하였나니, 연사(年事)에 큰 흠이 없어 공궤지절만 빠지지 아니하면 주인의 책임은 다할지라. 만일 바둑을 마치고 판이 헤치면 판과 바둑은 주인에게 돌리노니, 옛날 한고조(漢高祖)는 마상(馬上)에서 득천하(得天下)하였다 하나, 우리나라는 좌상(坐上)에서 득천하하리라."

위의 인용문에서 증산은 '다섯 명의 신선이 바둑을 두는 형국'에 대해 자세한 설명을 덧붙인다. 대국하는 두 신선, 훈수하는 두 신선, 주인인 한 신선 총 다섯 명의 신선들이 모여 한바탕 바둑을 두는 형세로 국제정세의 진행과 변화가 있으리라는 주장과 전망이다. 주인은 그 어느 한편을 두둔하지 못하기 때문에 팔짱을 끼고 그저 바라만 보고 간섭하거나 거들지 않고 그대로 내버려둘 수밖에 없는 처지다. 이 주인은 국제정세가 변화하는 중심에 놓인 우리나라의 입장과 형국을 묘사한 것이다. 따라서 주인으로서 우리나라는 그저 손님 대접에만 몰두할 수밖에 없는데, 세월의 흐름에 따라 큰 결점만 없이 손님 대접을 잘한다면 주인의 책임과 역할을 무사히 수행할 수 있을 것이다. 그리하여 마침내 바둑이 끝나고 판을 정리하는 시점이 오면 원래의 바둑판과 바둑돌은 주인의 차지가 되는 일과 마찬가지로 정리될 것이다. 옛날 중국의 한(漢)나라를 세운 고조(高祖) 유방(劉邦)이 말〔마(馬)〕위에서 천하를 얻었다고 말한 일에 비유되듯이, 이제 주인 신선의 자격을 지닌 우리나라는 앉은 자리에서 천하를 얻게 되리라고 전망된다. 우리나라가 주인 신선에 비유되는 일과 관련하여 20세기 초에 전국에 360주(州)가 있었던 일이 바둑판의 360개 점(點)이 있는 일에 정확하게 응했다는 주장과 믿음도 있었다. 그리고 이와 관련된 "조선은 바둑판이요, 조선 인민은 바둑돌이라"라는 증산의 말도 있다.

증산은 "회문산에 오선위기혈이 있으니, 이제 바둑의 원조(元祖) 단주(丹朱)의 해원도수(解冤度數)를 이곳에 부쳐서 조선국운(朝鮮國運)을 돌리려 하노라"라고 말했다. 요 임금은 아들인 단주에게 천하를 전하지 않고 다만 정신수양에 힘쓰라는 의미로 바둑판과 바둑돌을 전했다는 전설적인 이야기가 있다. 요컨대 동양문화권에서 바둑의 원조는 단주다. 그런데 증산의 주장에 따르면 단주는 인류의 의미 있는 역사상 처음으로 깊은 원한을 품고 맺은 인물이다. 역사적 사건으로서의 원한을 풀어 없애기 위해서는 그 최초의 원한부터 풀어나가야 할 것이다.

그렇다면 단주가 맺은 최초의 원한은 과연 어떻게 해야 풀릴 수 있을 것인가? 단주는 천하 대신에 물려받은 바둑놀이에 빗대어 이 세상의 정세가 변화하는 일이 마치 바둑을 두는 것처럼 진행되면 자신의 원한이 풀어 없어질 수 있다고 여겼다. 따라서 증산은 단주의 해원(解冤)을 위해 도수(度數)를 굳게 정해놓았다고 믿어진다. 이러한 증산의 단주 해원을 위해 정한 도수의 전개는 다섯 신선이 바둑을 두는 형국으로 진행되는 국제정세의 변화에 따라 결국은 판과 돌이 주인이 되는 신선에게 소유권이 있듯이 우리나라에 천하의 기운이 모여드는 결과를 초래할 것이라는 예언으로 집약된다. 따라서 우리나라의 국운(國運)을 돌리는 일은 바둑의 원조로 전하는 단주의 해원을 위한 증산의 천지공사 때문에 비로소 가능할 것으로 믿어지는 역사가 전한다.

작은 일에 연연하지 말고 큰 기상을 길러라

증산이 어릴 때의 일화다. 하루는 증산의 부친이 벼를 말리는데 새와 닭이 몰려와 곡식을 쪼아 먹었다. 이에 증산의 부친이 그 무리를 심하게 쫓으니, 증산이 말려 말하기를 "새나 짐승이 한 알씩 쪼아 먹는 일을 그렇게 못 보시니, 어찌 그 곡식으로 사람들을 먹일 수 있겠나이까?"라고 물었다고 전한다. 사람을 먹일 곡식을 조금씩 취하여 그들의 생명을 유지해나가는 미물들을 넓은 마음으로 품으라는 말이다. 사람의 생명을 살리는 대의를 위한 일에 쓰일 곡식을 새들에게 조금 나누어 주어도 무방하다는 생각이다. 비록 어릴 적 이야기이지만, 증산의 넓은 마음 씀씀이와 그 기국을 조금이나마 짐작할 수 있는 대목이다. 대국적인 차원에서 세상만사를 바라보아야 한다는 생각을 밝힌 것이다. 이 경우 보통 사람들은 대부분 곡식을 조금이라도 축내는 새들을 쫓기에만 바쁠 것이다. 그렇지만 어린 증산은 넓은 아량으로 짐승들의 생명 유지도 생각하라는 마음을 일으킨다. 작은 일화지만 훗날 증산이 행했던 병든 세상을 치유하기의 한 실마리를 찾을 수 있는 이야기다.

명당을 찾는 일은 자손을 두는 일이다

　　명당(明堂)을 쓰기를 평생의 소원으로 여기는 종도들에게 증산은 믿고 기다리라고 말한다. 그 후 몇 년이 지나도 증산이 이에 대해 아무런 말도 하지 않자, 종도들이 일전에 허락한 명당을 쓰게 해주겠다는 이야기는 어찌 되었는지를 여쭈었다. 이에 증산은 제자들이 원하는 일이 아들을 얻는 일이었기에 이미 그렇게 하도록 조처했다고 대답했다. 본처가 딸만 두자 후처를 들여 아들을 낳은 경우와 중이 퇴속(退俗)하여 장가들어 아들을 본 종도의 사례가 전한다.

　　이때 증산은 "선천에는 백골을 묻어서 장사 지내지만, 후천에는 백골을 묻지 않고 장사 지낼 것이다"라고 말했다. 증산은 이상사회가 이루어지면 명당을 정하는 일에는 더 이상 신경을 쓰지 않아도 되리라고 전망했다. 시신이 썩은 다음에 남아 있는 백골조차 땅에 묻는 일이 없이 장례를 치르게 될 것이라고 예언한 것이다. 실제로 어떻게 백골을 묻지 않고 장사 지내는지에 대해서는 짐작이 가지 않는 일이기는 하다.

　　그리고 증산은 "지금은 천지에 수기(水氣)가 돌지 아니하여 묘(墓)를 써도 발음(發蔭)이 되지 않느니라. 이 뒤에 수기가 돌 때에는 와지끈 소리가 나리니, 그 뒤에라야 땅 기운이 발하리라"라고 말하기도 했다. 증산은 자신이 살던 당대는 천지에 수기가 돌지 않기 때문에 못자리를 애써 정하더라도 그 제대로 된 기운이 발하지 못한다고 주장했다. 그는 훗날 천지에 수기가 돌 때에는 큰 소리가 날 것이며, 그 이후에라야 비로소 제대로 된 땅 기운이 발휘되리라고 전망했다. 땅의 기운이 돌지 않는 때에 명당을 정하려고 헛된 노력을 하지 말라는 가르침이다. 이와 관련하여 증산은 천지에 수기가 돌게 되면 천하만국 사람들의 언어가 통일될 것이라고 예언하기도 했다.

인간사 모든 일은 신명(神明)과 더불어 한다

증산은 '인간(人間)과 신(神)의 합일(合一)'을 지향했다. 이를 '신인합발(神人合發)'이라는 말로 표현하기도 했다. 그는 "사람이 곧 신(명)이다", "내가 바로 신(명)이다"라는 파격적인 선언을 했던 인물이다.

증산은 사람들의 웃음을 담당하는 호소신(好笑神)이 있다고 말한 정도로 천지에 신(명)이 가득 차 있다고 주장했다. 그는 갖가지 종류의 많은 신(명)이 우리를 둘러싸고 있다고 주장했다.

　　"이제 천지신명(天地神明)이 각 사람의 가정에 들어가서 기국
　　(器局)을 시험하나니, 만일 가정에서 솔성(率性)이 용착(庸窄)하여
　　화기(和氣)를 잃으면, 신명들이 웃고 손가락질하며 기국(器局)이
　　하잘것없으니 어찌 큰일을 맡기리오 하며 서로 이끌고 떠나느
　　니라."

　　위의 인용문에서 증산은 천지에 가득 찬 신명들이 이제
각 개개인의 집에 들어가서 그들의 기국을 시험한다고 주장한
다. 가정에서의 마음 씀씀이가 용렬하여 화목한 기운을 잃게
되면 신명들이 그를 비웃어 국량이 보잘것없으니 큰일을 맡기
기 어렵다고 판단하고 떠나갈 것이라고 설명한 것이다. 인간
사의 모든 일이 신(명)들의 평가대상이 되며, 신(명)들의 판단
에 따라 그 사람의 됨됨이가 평가받는다는 말이다.
　　또 증산은 "사람마다 그 닦은 바와 기국(器局)을 따라서 그
임무를 감당할 만한 신명(神明)이 호위하여 있다"고 주장했다.
사람은 독립적으로 존재하지 않고 항상 그에게는 개개인의 역
량과 그릇에 따라 해당하는 임무를 감당할 만한 신적 존재가
보호하고 있다는 주장이다. 인간 자체가 신적 존재와 늘 함께

한다는 파격적인 선언이다. 그런데 증산은 만일 남의 자격과 공부만 추앙하고 부러워하여 제 일에 태만한 마음을 품으면 신명들이 그가 부러워하는 사람에게로 옮겨 간다고도 말했다.

그 사실 여부는 확인하기 힘든 신비의 영역에 있는 문제이지만, 증산은 인간은 신명과 함께 더불어 살아가는 신성하고 신비한 존재라고 주장했다. 여기서 증산이 말한 신명은 독선적 성향의 유일신이 아니다. 증산의 신은 인간과 공존하는 존재다. 또 그 신은 신(명)계에서 회의를 통해 세상을 다스리는 협의자적(協議者的) 성향을 지닌다. 신계 또는 신명계의 여러 회의를 거쳐 모든 일과 과정을 결정하는 존재다. 따라서 증산이 설명한 신 또는 신명은 어디까지나 인간과 더불어 공존하는 존재요, 공생하는 존재다. 따라서 증산에게 있어서 신은 결코 인간에게 낯선 타자가 아니다.

증산은 신(神)이 아니라 신명이라는 말을 주로 사용했다. 신명은 신이 지닌 밝은 속성이나 긍정적인 측면을 더욱 강조하는 말로 이해된다. 어쨌든 증산은 인간과 신의 혼융, 조화, 합일을 지향하고 추구한 인물이다. 이와 관련하여 증산은 신인합일(神人合一) 또는 신인합발(神人合發)을 추구했다. 인간과 신에 대한 혼원론적(渾元論的) 사유방식이다. 증산에게 있어서 신과 인간은 대립, 분열, 대치하지 않는다. 그리고 그의 주장에 따르면 인간은 누구나 신을 모시고 있으며, 죽어서 신이 된다. 그리고 인간은 신령한 존재인 신명과 끊임없이 교류하고 교섭하는 존재다. 이러한 맥락에서 인간은 신인합일체(神人合一體)이며, 신인합일을 통해 신인합발을 지향한다. 신인합일은 신과 인간의 화해와 공존을 지향하는 합일을 강조한다.

증산은 동학(東學)의 시천주(侍天主)사상을 적극적으로 계승했다. "인간의 몸에 지고한 존재인 천주(天主)가 모셔져 있다"라는 동학사상을 더욱 발전시켜, 증산은 천주와의 공존과 동행을 강조하면서 자신의 독창적인 신명(神明)사상을 정립했다. 그는 한국의 전통적인 신명관(神明觀)을 적극적으로 수용하고 계승하여 인간을 신적 존재와의 합일체(合一體)로 인식하고 이해한다. 낯선 타자로서의 신 또는 신명을 거부하고, 나와 함께 있는 신을 주장한 셈이다.

동학은 시천주사상을 사인여천(事人如天)사상으로 전개했다. 평범한 존재인 인간도 하느님처럼 모시고 섬기라는 사상이다. 이에 비해 증산은 인즉신사상을 전개했다. 사람이 곧 신 자체이며, 인간에게는 신명이 모셔져 있다는 독창적인 사상이다. 동학의 인내천(人乃天)사상이 사람이 곧 신이라는 입장을 표방한 개괄적인 사상이라면, 증산의 인즉신(人卽神)사상은 사람에게는 신이 함께 공존하고 있다고 주장한 점에서 동학보다

세밀한 사상을 전개했다. 따라서 사람마다 그를 보호하고 호위하는 신명이 함께 있다는 인즉천사상은 동학의 인내천사상을 보다 심화시킨 체계로 볼 수 있다.

그리고 증산은 우리 고유의 전통적 종교 심성의 회복을 도모하고 그 가치를 적극적으로 인정한다. 그는 인간과 신은 분리, 대립, 단절의 관계가 아니라 중첩, 혼융, 공존하는 '신비적 합일'의 관계에 있다고 주장했다. 신이면서 동시에 인간이며, 인간이 곧 신이라는 이러한 증산의 주장은 신과 인간의 관계를 동전의 양면으로 이해한 것이라고 평가할 수 있다. 이는 인간이 지닌 신성(神性)을 매우 강조하는 주장이다. 따라서 증산의 신관에서 신 또는 신명은 위압적 존재도 아니요, 지배적 존재도 아니며, 억압하는 존재도 결코 아니다. 인간과 함께하는 신은 인간과 친밀한 존재이며 매우 친숙한 존재이기도 하다. 신과 인간이 가까이 있고 함께 먹고 마시고 즐거움과 슬픔을 나눈다는 주장이다.

또 증산이 말한 신 또는 신명은 인간 생명의 생생한 약동으로도 표현된다. 이와 관련하여 증산은 사람의 손톱 밑에 박히는 가시나 벽을 바른 흙에도 신명이 있다고 주장했다. 따라서 이러한 증산의 신명은 인간과 자연에 있는 활발한 생명력 자체를 가리키는 말이기도 하다.

나아가 증산의 주장에 따르면 인간이 곧 신(하느님)이다. 그만큼 인간은 무한한 가능성을 지닌 존재다. 인간은 단순히 천주(天主)를 모시고 있는 존재가 아니라, 그 천주와 함께 있는 거룩하고 신성한 존재다. 인간이 진정으로 신(神)처럼 행동할 때 비로소 그 신은 인간과 합일하고 합발하며 다 같이 승화(昇化)하여 완전해지고 완성될 수 있다. 또 증산은 신도 인간과 마찬가지로 여전히 미완성된 불완전한 존재라고 주장했다. 신과 인간의 최종적인 완성과 공동 번영이 증산이 지향한 최종적인 목표다.

사람으로 태어나기가 무척 어렵다

증산에 따르면 하늘이 사람을 태어나게 할 때 무한한 공부를 들인다고 한다. 그는 모든 선령신(先靈神)들이 쓸 만한 자손 하나씩 타내려고 60년 동안 힘을 들여도 못 타는 자도 많다고 주장했다. 이와 관련된 증산의 "어렵게 받아 난 몸으로 꿈결같이 쉬운 일생을 헛되이 보낼 수 있으랴?"라는 말이 전한다. 그만큼 사람으로 한 번 태어나기가 무척 힘이 든다는 말이다. 따라서 증산은 어렵사리 태어난 몸으로 헛되이 인생을 소비하면 안 된다는 가르침을 내렸다. 사람의 탄생에는 그의 수많은 조상 신명들의 도움이 있다는 생각이 집약된 점도 특기할만하다. 여기에는 인간의 태어남에는 신적 존재의 보살핌과 관여가 있기 마련이라는 믿음이 반영되었는데, 인간의 신적 속성을 강조하는 대목으로 볼 수 있다.

삶과 죽음은 서로 연결되어 있다

증산은 "생유어사(生由於死), 사유어생(死由於生)" 즉 "삶은 죽음에서 비롯되었고, 죽음은 삶에서 비롯된다"는 옛글을 인용하여 종도들에게 들려주었다. 인간의 삶과 죽음은 영원회귀(永遠回歸)의 관계에 있다는 말이다. 이는 인간은 윤회전생(輪回轉生)하는 존재라는 말과도 통한다. 어떤 존재의 죽음 또는 사라짐이 다른 존재의 삶과 현현(顯現)으로 나타나고, 이러한 과정은 계속해서 이어진다는 뜻이다. 증산의 이러한 주장에 따르면 죽음과 삶은 우리 삶에 영원히 혼재되어 있다. 삶과 죽음에 지나치게 연연하지 말라는 의미다.

성사재인(成事在人)

> "선천에는 모사(謀事)는 재인(在人)하고 성사(成事)는 재천(在
> 天)이라 하였으나, 이제는 모사는 재천하고 성사는 재인이니라."

선천과 후천이 극명하게 대비되는 대목이다. 선천에는 일
을 꾸미는 것은 사람이 하고 그 일을 완성하는 것은 하늘에 달
려 있다고 여겼다. 그런데 이제 후천이 되면 일을 도모하는 것
은 하늘이 하지만 그 일의 궁극적 완성은 오직 인간에게 달려
있다는 주장이다. 인간과 하늘의 역할이 판이하게 바뀌었다.
인간이 지닌 고귀한 가치와 기능이 극도로 높여진 사상을 제
시한 것이다. 이제 세상만사의 주관과 완성은 모두 인간의 손
에 달려 있게 된다. 앞으로 좋은 세상이 되면 사람의 위상이 기
존의 하늘에 맞먹을 정도로 높아질 것이다. 최종적인 일이나
사건의 매듭은 이제 인간의 몫과 결정에 따라 이루어진다는
새로운 사상이다. 이는 인존(人尊)사상의 한 표현으로도 이해
할 수 있다. 도모하는 일의 최종 완성은 어디까지나 인간의 책
임과 마무리에 달려 있다는 생각인데, 그만큼 인간의 역할이
중요하다는 뜻이다. 인간의 가치를 매우 높인 새로운 사상으
로서 앞으로 다가올 세상에서 인간이 해야 할 임무가 막중하

다는 점을 강조한 대목이다. 하늘과 인간 사이에 관계의 대역
전이 이루어졌다. 이에 따라 매사에 인간의 결정권이 매우 높
여졌고, 이제는 인간사 모든 일을 신비한 존재나 운명에 맡기
지 말고 자율과 스스로의 의지에 따라 매진하라는 의미다.

우리 일은 세상의 모든 불의를 밝히려는 일이다

증산은 "세상에서 영웅이란 칭호를 듣는 자는 다 잡히리
라"라고 말하여, 장차 자신의 가르침을 따르는 사람들 가운데
뛰어난 인물들이 많이 나오리라고 전망했다. 또 증산은 "도적
을 잡는 사람을 포교(捕校)라고 부르니, 교(教)를 전할 때에 포
교(布教)라고 일컬으라"라고 말했다. '포교'라는 우리말을 교묘
하게 해석하여 나쁜 짓을 하는 사람들을 모아 교화시키는 일
이 바로 자신의 도를 전하는 일을 가리키는 말이라고 설명했
다. 나아가 그는 "우리 일은 세상의 모든 불의(不義)를 밝히려
는 일이다"라고 주장했다. 세상의 온갖 불의한 일이나 사람들
을 교화시키는 일이 바로 자신이 지향하는 바라고 강조한 대
목이다. 모든 불의한 일과 사람이 사라지는 좋은 세상이 증산

이 꿈꿨던 이상사회의 모습이었다.

서양 사람을 믿는 자는 이롭지 못하리라

"서양이 곧 명부(冥府)라. 사람의 본성이 원래 어두운 곳을 등지고 밝은 곳을 향하니, 이것이 곧 배서향동(背西向東)이라. 만일 서양 사람을 믿는 자는 이롭지 못하리라."

증산은 서양이 바로 저승세계라고 지적했다. 왜 그런지는 더 이상의 설명이 없기 때문에 알 수 없다. 아마도 태양이 지는 쪽인 서양을 가리켜 그렇게 지칭한 것으로 짐작된다. 이윽고 증산은 사람의 본성이 어둠을 배척하고 밝음을 향하는 것이라고 설명한 다음, 이를 "서쪽을 등지고 동쪽을 향한다"라는 용어를 들어 부연한다. 따라서 증산은 해가 지는 어두운 방향에 있는 서양이나 서양 사람을 믿거나 따르는 사람들은 불리한 일을 당하게 될 것이라고 경고한다. 서양 사람을 따르는 일의 대표적인 예는 서양의 종교에 몰두하여 믿는 일이다. 이처럼 증산은 자신의 조상을 부정하는 서양의 종교문화에 대해 혹독하게 비판한다. 자신의 조상에게는 없던 영혼이 유독 자신들에게만 있는 듯이 말하고 죽은 다음 천당에 가자고 주장하는 기독교인들의 주장이 잘못이라고 평가한 것이다. 이와 관련하여 증산은 교회를 찾아가 그 예식과 교리를 살펴본 후 "족히 취할 것이 없도다"라고 말했다. 서양의 문화와 종교에는 굳이 선택할 만한 장점이 거의 없다고 비판한 대목이다. 증산이 이처럼 혹독하게 다른 종교에 대해 평가한 일은 없었다. 여기에는 증산의 기독교에 대한 대결의식이 드러난다. 요컨대 증산은 전통적인 신관으로서 서양 종교의 신관을 비판한 셈이다.

후천은 성인시대다

"선천(先天) 영웅시대(英雄時代)는 죄(罪)로써 먹고 살았으나, 후천(後天) 성인시대(聖人時代)에는 선(善)으로써 먹고살 것이다. 이제 후천 중생으로 하여금 선으로써 먹고살 도수(度數)를 짜놓았노라."

증산에 따르면 선천은 영웅이 주도하는 시대요, 후천은

성인이 주도하는 시대다. 시대를 관통하는 핵심정신을 요약한 표현이다. 지나간 선천은 인간들을 억압하고 따르는 무리와 세력을 형성하여 지배하는 영웅들이 중심이 되고 추앙받았던 시대였다면, 다가오는 후천은 성인이 우선시되고 추앙받는 새 세상이 되리라는 말이다. 그리고 증산은 선천에는 죄를 방편으로 삼아 살아가지만, 후천에는 선을 방편으로 삼아 살아가게 되리라고 전망한다. 나아가 증산은 후천의 인류가 선으로 먹고살아갈 수 있도록 자신이 나서서 도수를 정해놓았다고 주장했다. 선천은 악이 가득 찬 세상이요, 후천은 선이 충만한 복된 세상이다. 새로운 세상인 후천이 되면 모든 악은 사라지고 선이 우위를 점하는 새 세상이 될 것이라고 예언한 셈이다.

이와 관련한 증산의 "마음을 깨끗이 하여야 복이 이르나니, 남의 것을 탐내는 자는 도적의 기운이 따라 들어 복을 이루지 못할 것이다"라는 말도 전한다. 먼저 내 마음을 정화해야 비로소 복이 찾아들 것이므로 남의 물건이나 복을 헛되이 탐내지 말라는 가르침이다. 내 마음을 비우고 깨끗한 상태를 유지하는 일이 중요하다는 말이다.

예언

　증산은 대국적 차원에서 많은 예언을 했던 인물이다. 그는 후천이라는 이상사회가 이 세상에 전개될 때까지 이루어질 일이나 사건들에 대해 희망찬 어조로 말했다. 먼저 증산은 "동양과 서양이 통일하게 될 것이다"라고 주장했다. 나눠진 분열과 대립으로 점철된 동양 문화권과 서양 문화권이 진정한 의미에서 통일되는 화합의 문명이 장차 건설될 것이라는 예언이다. 그리고 증산은 "천하에 수기(水氣)가 돌 때에는 만국 사람이 배우지 않고도 통어(通語)하게 되리라"라고 말하여, 후천이 되면 전 세계적 차원에서 언어가 통일되어 세상 사람들이 서로 자유롭게 대화할 수 있는 세상이 될 것이라고 예언했다.

　또 증산은 "앞으로 산금증식(産金增殖)이 전고(前古)에 유례가 없게 될 것이다"라고 예언하여, 장차 각종 생산물과 생활필수품들이 넘쳐날 정도로 복된 세상이 전개되리라고 전망했다.

　한편 증산은 "후천(後天)에는 팔자가 좋은 사람이라야 자식 둘을 둘 것이요, 아주 못 두는 자는 없으리라"라고 말하여, 후천이라는 이상사회가 되면 자식을 두지 못하는 사람이 없어져 누구나 후손들과 함께 행복을 누리는 시대가 열릴 것을 예언했다. 자식이 없어서 고통받았던 사람들이 사라지게 될 것이라는 예언이다.

그리고 증산은 "부자는 각 도(道)에 하나씩 두고, 그 나머지는 다 고르게 하여 가난한 자가 없게 하리라"라고 예언했다. 상당히 구체적인 차원의 예언이다. 가난한 사람들이 없어지는 지복(至福)의 세상이 되리라는 전망이다. 상징적인 차원에서 지역마다 부자가 한 명씩 있게 될 것이지만, 사람들이 거의 모두 경제적 형편이 같아지게 되리라는 예언이다.

한편 증산은 후천이 되면 자신이 다시 이 세상에 출현할 것이라고 다음과 같이 예언하기도 했다.

"내가 출세(出世)할 때에는 천지가 진동하고 뇌성벽력이 크게 일어나리라."

"내가 출세할 때에는 하룻저녁에 주루보각(珠樓寶閣) 36만 칸을 지어, 각기 닦은 공력에 따라서 앉을 자리에 들어앉혀 옷과 밥을 신명들이 받들게 하리라."

증산은 자신의 '다시 옴' 즉 재림(再臨)을 '출세'라는 상당히 구체적인 용어로 표현했다. 그의 '다시 옴'은 '이 세상에 다시 나타남'이다. 그만큼 현세(現世)를 강조한 대목이다. 어쨌든 증산은 후천이 되면 스스로 이 세상에 출세할 것을 약속했다.

　　"이 뒤에 일제히 그 닦은 바를 따라서 도통(道通)이 열리리라."

　　"나는 누구나 그 닦은 바에 따라서 도통을 주리니, 상재(上才)는 7일이요, 중재(中才)는 14일이요, 하재(下才)는 21일 만이면 각기 성도(成道)하게 되리라."

　　위의 인용문을 통해 증산은 장차 후천(後天)이 되면 누구나 도통을 이루는 만인성도(萬人成道)의 시대가 활짝 열릴 것이라고 예언했다. 그 누구나 모두 함께 깨닫는 이상적인 시대가 전개되리라는 말이다. 각자가 지닌 능력에 따라 상, 중, 하의 등급이 나뉘고, 비록 수련하는 기간은 다를지라도, 궁극적으로 '도를 이루는 일'은 똑같이 주어질 것이라는 주장과 예언이다. 여기서 "도통을 주리라"라는 표현에서 증산 자신이 도를 깨닫는 일을 주도하는 존재라고 강조한 점이 주목된다. 어쨌든 지난 시절에는 매우 소수의 사람에게만 허락되었던 도통이 이제 후천이 되면 그 누구나 깨달을 수 있다는 전망이 강조되었다.

　　한편 증산은 도통이라는 정신적 차원에 대한 예언뿐만 아

니라 구체적인 세계정세의 변화와 사건들에 대해서도 다음과
같이 예언했다.

> "장차 일청(日淸)전쟁이 두 번 나리니, 첫 번에는 청국이 패하
> 고 말 것이요, 두 번째 일어나는 싸움이 십 년을 가리니, 그 끝에
> 일본을 쫓겨 들어가고 호병(胡兵)이 들어오리라. 그러나 한강(漢
> 江) 이남(以南)은 범하지 못하리니, 그때 질병이 맹습하는 까닭이
> 요, 미국은 한 손가락을 튕기지 아니하여도 쉬이 들어가리라."

증산은 자신의 사후에 일어날 정치적 변화와 세계정세를
변화시킨 여러 굵직한 사건들에 대해 상당히 구체적 어조로
예언했다. 물론 증산 사후에 편찬된 여러 경전 기록들에 나타
난 내용이기 때문에 그의 예언이 과연 생전에 있었던 말인지
에 대해서는 좀 더 세밀한 관찰과 분석이 필요하다. 어쨌든 증
산의 구체적인 예언은 우리나라를 둘러싼 정치적·역사적 사
건들로 실현되었다는 믿음이 있다는 사실만은 분명하다.

또 증산은 "중국은 동서양의 오고 가는 발길에 차여서 망
하게 되리라"라고 예언하여, 장차 중국은 여러 나라로 갈라질
것이라고 주장했다. 물론 이러한 일은 아직까지는 현실화하지
않은 미래의 일로 남아있다. 그리고 증산은 "현하(現下) 대세가

씨름판과 같으니, 애기판과 총각판이 지난 뒤에 상씨름으로 판을 마치리라"라고 말했다. 여기서 증산은 우리나라를 둘러싼 국제질서의 재편과 전쟁을 통한 통일로의 점진적 진입과정에 대해 예언했다. 흔히 애기판은 제1차 세계대전으로, 총각판은 제2차 세계대전으로 해석되며, 상씨름은 남한과 북한 사이에 벌어진다는 인류 최후의 전쟁을 예언한 말로 풀이된다.

또 증산은 "동양은 불로 치고, 서양은 물로 치리라"고 예언했다. 후천이라는 이상향이 이 땅에 세워지기 전에 동양지역은 불이 중심이 된 재난이 일어날 것이고, 서양지역에는 물이 중심이 된 재앙이 발생할 것이라는 섬뜩한 예언이다. 물론 그 실현 여부는 해석의 자유로 남아있는 문제이기는 하다.

4부

지금 바로 행동하라

진정한 신앙의 본질은 '고백'이 아니라 '실천'이다. 자기 삶을 구체적으로 변화시켜야 한다. 생각의 변화나 인식의 전환에 그쳐서는 안 된다. '믿음'으로 구원받는 것이 아니라 '실행과 실천'을 통해 스스로 구원해야 한다. 따라서 객관적 가르침이 중요한 것이 아니다. 주체적 실천과 행동이 더욱 중요하다. 개개인의 실천에 따라 '나' 개인과 나아가 전 사회를 변화시킬 수 있는 운동으로 전개되어야 진정한 의미에서의 구원이 가능할 것이다. 따라서 우선 개인의 인식 전환이 필요하고 요청된다. 그리고 그에 따른 실제적인 행동과 실천이 뒤따라야 비로소 이상향을 이 땅에 세우려는 인류의 궁극적 이상을 완성할 수 있을 것이다.

특정한 사상의 진정한 의의를 밝히기 위해서는 그 사상이 어떤 행위를 낳는 데 적합한가를 보면 된다. 그 행위야말로 우리에게 있어서 그 사상이 가지는 유일한 의미다. 증산사상은 타력(他力) 구원이 아니다. 자력(自力) 구원을 지향하는 사상이다. 이와 관련하여 증산은 "의뢰심을 없애라"라는 가르침을 내렸다.

개벽(開闢)은 새로운 세계를 '연다' 또는 '열어간다'라는 실천 운동이다. 따라서 개벽사상은 함께 새 세상을 열어나가자는 권유와 동참을 유도하는 사상이다. 새 세상의 '열림'과 '옴'은 결정론이 아닌 점진적 완성론으로 이해해야 하겠다. 문명의 위기의식에서 이에 대한 반성을 거친 윤리적 결단과 실천을 통해서만이 우리는 비로소 개벽의 이상사회를 맞이할 수 있을 것이다. 또 믿음과 신앙은 반드시 '행위'로써 '실천'되어야만 비로소 실현 가능한 현실로 맞이할 수 있을 것이다. 따라서 신앙의 본질은 내 삶의 구체적인 변화를 일으키는 일이다. 특정한 종교의 가르침은 절대자에 대한 일방적인 귀의나 신비적이고 초월적인 타자나 대상에 대한 절대적 믿음에 매몰되어서는 안 된다. 인간 즉 '나'의 일상적인 삶에 있어서 구체적인 변혁의 모습이나 실제적 변화의 옷을 입고 나타나야 한다. 하나의 사상은 인간의 구체적 삶과 떨어질 수 없는 사유체계다. 그리고 사상은 인간의 구체적 삶을 변화시키는 원동력으로 작용해야 본연의 가치를 실현할 수 있을 것이다.

증산은 인류문명의 총체적 위기상황을 극복하기 위한 대안을 제시하고, 그 구체적 실천방안을 나름대로 제기했다. 그는 개벽의 열림은 내 삶의 변화를 가져와야 한다고 가르쳤다. 앎에 머물거나 그치지 않고 이를 실행에 옮기는 구체적 가치로 받아들이고 승화시켜, 실제의 행동에 나서야 이상사회는 조금씩이나마 실현 가능할 것이다. 오직 실행과 실천이 있을 뿐이다. 따라서 '객관적 지식'이 아니라 '주체적 실천'이 매우 중요하다.

증산은 기록을 남기지 않았다. 물론 짧은 글귀와 여러 부(符)로 이루어진 『현무경(玄武經)』이 전하지만, 『현무경』은 그 해석이 무척 어려운 신비한 문건이다. 증산은 자신의 말씀만 당대 사람들의 마음에 남겨놓았고, 삶의 구체적 행위를 통해 '상제' 또는 '하느님'의 역할을 일정하게 행했을 따름이다. 그리고 증산은 저술가가 아니라 행위자였다. 따라서 증산의 가르침을 진정으로 따르는 일은 말이 아닌 행위와 실천을 통해 가능할 뿐이다. 실존의 결단을 요구하는 문제는 실천을 통해 비로소 조금씩이나마 이루어질 수 있을 것이다.

원한을 풀어 없애라

　무엇보다도 증산은 인간 정신은 폭력, 갈등, 경쟁, 공격 등을 추구하지 않고, 평화로운 공존과 조화를 선택해야 한다고 가르쳤다. 그는 적대관계나 투쟁이 아니라 상호존중과 이해를 추구한다. 이러한 입장에서 증산은 대립과 갈등을 넘어서서 전통문화의 가치에 대한 보다 깊은 이해에 기반하여 '해원(解冤)'을 주장했다. 먼저 지금까지 지녀왔던 모든 원한을 풀어 없애는 일의 중요성을 강조했다.

　해원과 관련하여 증산은 "척을 짓지 말라. 모든 일에 조심하여 남에게 척을 짓지 말고, 죄를 멀리하여 순결한 마음으로 천지공정(天地公庭)에 참여하라"라고 말했다. 여기서 척은 상대방에게 품는 나의 원한을 가리키는 말이다.

　또 증산은 "오직 어리석고 가난하고 천하고 약한 것을 편히 하여, 마음과 입과 뜻으로부터 일어나는 모든 죄를 조심하고 남에게 척을 짓지 말라"라고 말하기도 했다. 항상 낮은 자세로 세상을 살아가고 내 마음과 입과 의식으로부터 나오는 모든 죄와 원한을 풀어버리라는 가르침이다. 그리고 증산은 "부(富)하고 귀(貴)하고 지혜롭고 강권(強權)을 가진 자는 모든 척에 걸려서 콩나물 뽑히듯 하리라"라고 말하여, 높은 입장과 자세로 처신하는 사람들은 척에 걸려 패망하게 되리라고 전망했다.

한편 증산은 "상말에 '무척 잘산다' 이르나니, 척이 없어야 잘산다는 말이라. 남에게 원억(冤抑)을 짓지 말라. 척이 되어 갚느니라"라고 말했다. 척, 즉 원한의 사라짐이야말로 새 세상 건설의 원동력이 된다는 말이다. 그리고 증산의 "남을 미워하지 말라. 그의 신명(神明)이 먼저 알고, 척이 되어 갚느니라"라는 가르침도 전한다. 내가 남을 미워하고 원망하는 순간 바로 되갚음이 일어나지는 않더라도 상대방의 신명이 먼저 알아채서 언젠가는 구체적인 현실세계에서 앙갚음하리라는 주장이다. 신적 존재의 세계에서는 한 푼의 에누리도 없이 인간이 품는 온갖 감정의 변화가 인식되고 그 원인과 결과에 따라 세상만사가 진행될 것이라는 인과응보론적(因果應報論的) 가르침이다.

또 증산은 "이웃 사람이 정(情) 붙여 주는 음식이 맛이 없어, 먹고 병들지라도, 사색(辭色)을 내지 말라. 오는 정이 꺾여서 다시 척이 되느니라"라고 말하기도 했다. 여기서 사색은 말과 얼굴빛을 뜻한다. 상대방이 나를 위하여 제공하는 음식이 비록 맛이 없어 먹고 나서 병이 든다고 하더라도 낯빛을 바꾸어 싫은 기색을 나타내지 말라는 가르침이다. 그렇게 하면 상대방에게서 오는 긍정적인 감정이 오히려 강력한 부정적인 감정과 상태로 바뀌어 나를 공격하는 상황이 벌어지리라는 설명이다.

증산은 "파리 죽은 귀신이라도 원망이 붙으면 천지공사(天地公事)가 아니니라"라고 말했다. 미물 곤충의 원망이라도 있으면 진정한 의미에서의 천지공사가 아니라는 주장이다. 세상 온갖 생명의 원망과 원한조차 없어지는 완벽한 이상사회를 구상했던 것이다. 이와 관련하여 증산은 "한 사람의 원한이 능히 천지 기운을 막히게 하느니라"라는 말도 했다. 작고 보잘것없는 한 개인이라도 천지의 큰 기운을 막히게 할 수 있다고 한다. 인간의 가능성과 위대한 능력이 엿보이는 대목이기도 하고, 개인의 힘으로도 천지를 운행하는 기운을 누를 수 있다는 지적이다.

한편 증산은 "예로부터 처녀나 과부의 사생아와 그 밖의 모든 불의아(不義兒)의 압사신과 질사신이 철천의 원(寃)을 맺어 탄환과 폭약으로 화하여 세상을 진멸케 하느니라"라고 말했다. 여성들이 저지른 부정적 행동에 따라 어쩔 수 없이 이 세상에 태어난 사생아와 불의에 의해 생겨난 어린아이는 물론 미처 태어나지도 못한 채 낙태(落胎)로 억눌려 죽은 태아와 숨이 막혀 죽은 태아들의 엄청난 원한이 모여 탄약과 폭약으로 변하여 이 세상을 모조리 없애버리려 한다는 종교적 설명이다. 그 사실 여부와는 별도로 인간이 품은 원한이라는 정신적 상태나 감정이 인간계의 현실에서 특정한 물건으로 변할 수 있다는 생각의 독특성이 확인되는 대목이다.

'남 살리기'에 힘쓰라

19세기 절망의 조선 땅, 조선 백성의 한 사람으로 태어나 '남 살리기'의 가치를 온몸으로 실천한 사람이 있었다. 그는 구한말, 격동의 시대를 살며 무엇이 진정 인간을 행복하게 할 수 있는가를 고민했던 혁명적 종교가였다. 그는 증산(甑山) 강일순(姜一淳, 1871-1909)이다. 증산은 흔히 한국 신종교, 증산교단의 창시자로 널리 알려져 있다. 하지만, 그의 삶과 사상은 여전히 종교라는 신비의 베일에 가려져 올바른 평가를 받지 못하고 있다. 최근 들어 정치인을 비롯한 많은 사람들이 상생(相生)을 이야기한다. 유명 인사들이 너도나도 상생을 이야기하는데, 도대체 이 상생은 어디에서 연유한 것일까? 많은 이들이 궁금할 법도 하다.

모두가 더불어 살아야 한다는 상생 사상의 주창자가 증산 강일순이었다는 것을 세상은 아직 제대로 모른다. 그저 상생이란 말이 좋으니, 너도나도 상생을 외쳐댈 뿐이다. 증산은 서양 열강들이 근대 과학기술을 이용하여 다른 인종들을 노예로 삼는 한편, 동양을 마구 침략하는 일에 주목했다. 그는 이러한 서양의 자본주의에 입각한 제국주의가 자연을 정복하여 모든 죄악을 꺼림 없이 자행한다고 진단했다. 이대로 가다가는 원망이 쌓이고 쌓여 세상을 멸망하게 할 수 있다고 판단한 것이다. 따라서 그는 무엇보다도 더불어 사는 세상, 즉 상생의 세계화를 심각하게 모색했다. 그렇다면 도대체 상생이란 무엇인가? 상생이란 서로 상(相), 살릴 생(生) 자로 이 말 속에는 이미 대등한 의미의 인간평등사상이 놓여있다. 서로서로 생명을 존중하고 살리는 삶을 살아야 한다는 그의 깨달음은, 당시 약육강식의 세태를 강력히 질타하는 것이어서 주목된다. 그는 무엇보다도 사람을 살리는 공부, 사람 살리는 혁명을 주창했던 인물이다. 아프리카를 비롯하여 동양의 이곳저곳에서 인간이 상품으로, 수단으로 전락하던 시절, 그는 상생사상을 주창함으로써 새로운 세상의 돌파구를 열고자 했다. 증산은 무엇보다도 당시 자본의 세계화가 인간을 소외시키고 있는 현실에 주목하여, 상생의 세계화를 주창했다는 점에서 시대를 앞서간 인물로 평가된다.

한편 석가모니는 자비를 말했고, 예수는 사랑을 설교했다. 하지만 오늘날 인류가 처한 현실은 전쟁과 갈등이 여전히 끊이지 않고 계속되고 있다. 이는 단순히 자비와 사랑만으로는 현실의 고통 문제가 해결될 수 없음을 보여주는 것이다. 성인이라고 추앙받고 있는 이들의 위대한 가르침이 왜 오늘날, 현실 역사에서 실현되지 못하고 있는가? 증산은 이에 대해 뼈 있는 가르침을 펼치고 있다. 공자가 알고 하였으나 원망하는 자가 있고, 석가모니가 알고 하였으나 원억(冤抑)의 마디와 고를 풀지 못했다는 것이다. 한마디로 기존의 성인들이 인간의 원한의 문제와 원망의 역사를 풀어내지 못했다는 뜻이다. 그는 무엇보다도 인간의 원망 문제를 푸는 것이 가장 중차대한 일이라고 강조했다. 그래서 증산은 인간사회의 모든 불합리를 뛰어넘고자 했다. 한마디로 그는 원망이 사라진 사회, 차별이 철폐된 새 사회를 열망했다. 증산은 무엇보다도 내 새끼, 네 새끼를 차별하지 않는, 더불어 사는 세상을 꿈꾼 인물이다. 그가 펼친 상생사상은 인종, 국가, 민족, 계층, 성별 간의 차별이 철폐된 사회를 지향한 것이었다. 오직 더불어 사는 사랑의 실천행만이 인간의 고통을 끌러낼 수 있다고 확신했다.

살벌한 세계사의 중심에서 상생(相生)을 외쳤던 증산의 삶은 오늘을 사는 현대인들에게 많은 깨달음을 주고 있다. 그는 상생의 새 사회, 즉 인간이 서로 돕고 살리는 길로 나아갈 것을 역설했다. 증산은 이를 위해서는 무엇보다도 이제까지 누적된, 그리고 계속되고 있는 원망의 역사를 끝내야 한다고 주장했다. 그리하여 증산은 상생의 전제조건으로 해원(解寃)사상을 주창했다. 오직 과거와 현재의 맺힌 원한을 풀어 없애야 비로소 행복 실현이 가능하다는 뜻이다. 그는 원망이 사라진 사회가 가장 이상적인 사회요, 더불어 사는 사회임을 보여주고자 했다. 이러한 증산의 가르침은 물질적 욕망에서 허우적대는 현대인들에게 새로운 삶의 방식을 보여주고 있다. 무엇보다도 돈 많이 벌고 풍요롭게 살 수 있다면 어떠한 짓이라도 꺼릴 것 없이 행하는 것이 작금의 세태다. 어린 생명을 유괴하는 등 각종 흉악한 범죄가 사회 곳곳에 만연하는 사건의 이면에는, 나만 출세하고 성공하면 된다는 이기적 욕망이 자리 잡고 있다. 근본적으로 새로운 삶의 패러다임이 절실히 요청되는 시점이다. 이와 같은 시기에 증산의 가르침을 주목하지 않을 수 없다. 그는 이러한 현실이 결국 인간사회를 파멸로 몰고 간다고 간파했던 인물이다. 한마디로 그의 역사적 통찰은, 오늘을 사는 우리에게 많은 영감과 교훈을 주고 있다.

증산은 상생(相生)을 '남 살리기'로 풀이했다. '서로 함께 살아간다' 또는 '함께 어울려 살기'라는 소극적 해석이 아니라, 내가 먼저 남을 살리고 돕고 협력하는 일에 앞장서야 한다고 적극적으로 해석한 것이다. 따라서 증산의 상생은 남보다 내가 먼저, 상대방보다 '나'가 주체가 되어 '살리는' 일에 모범을 보여야 한다는 생각이 집약된 이념이자 말이다. 내가 먼저 남을 살릴 때, 그리고 이러한 행동들이 모일 때, 비로소 인간사회는 이상적으로 변화할 수 있을 것이다. 내가 먼저 나서서 상대방을 돕고 살리는 구체적인 모범적 행위를 할 때, 이를 본받아 상대방도 '살리는 일'에 참여할 것이다. 이러한 긍정적인 연쇄적 순환이 이루어져나갈 때 인류가 그토록 바랐던 이상은 점차 구체적으로 드러나고 현실에 실현될 수 있을 것이다.

상생과 관련된 증산의 "대인(大人)을 공부하는 자는 항상 '남 살리기'를 생각해야 한다"라는 말이 전한다. 큰 사람, 즉 위대한 인격을 갖춘 사람이 되기 위해서는 늘 상대방을 배려하고 먼저 도와주는 일에 앞장서야 한다는 뜻이다. 상생의 정신, 즉 '남 살리기'는 삶의 방향을 근본적으로 바꾸어야 한다는 가르침이기도 하다. 세상을 보는 방식인 가치관을 근원적으로 변혁시켜야 한다는 생각이 반영되었다. 증산은 보편적인 조화와 결속이라는 이상을 추구하는 핵심적 가치로 상생을 주장했다. 그는 공생과 공존이 아니라 '내가 먼저 남을 살리는 일'인

상생을 이상적인 행동규범으로 제시했다. '함께 더불어'가 아니라 '내가 먼저'라는 솔선수범을 강조했다. 따라서 증산은 나의 자발적인 결정과 행동으로 내가 먼저 남을 살리는 일의 중요성을 힘주어 말했다고 평가된다.

인간은 '믿음'이 아니라 '실천'에 의해 구원받는다. 따라서 증산은 상제 또는 하느님의 자격과 권능에 의해 일방적으로 주어지는 은혜에 의한 구원을 부정하고, 인간이 개인 스스로 행동함에 따라 각자가 구원된다고 주장했다.

한편 증산은 "나는 살릴 공부를 하리라"라고 말했다. 삶, 생명, 살아있음을 강조한 것이다. 이처럼 증산은 내가 먼저 나서서 '남을 살리는 일'에 힘쓰라는 가르침을 몸소 실천했다. 남을 죽이고, 해치고, 위해를 가하는 삶은 거부되고 부정된다. 증산이 남의 생명과 가치를 인정하고 그를 북돋아주고 고무시키고 돕는 행위가 요청됨을 역설한 대목이다.

또 증산은 상생과 관련하여 "사람은 모름지기 활인지기(活人之氣)를 띠어야 할 것이다"라고 말하기도 했다. 활인(活人)은 '남 살리기'이므로 상생과 같은 뜻이다. 사람은 반드시 남을 살리는 기운을 지니고 이를 실천해야 한다는 당위성을 강조한 내용이다.

"우리 일은 남 잘되게 하는 공부니, 남이 잘되고 남은 것만 차지하여도 우리 일은 되느니라."

증산은 자신의 가르침의 핵심이 바로 '남 살리기'인 상생에 있다고 강조했고, 자신의 가르침과 교훈을 따르는 사람들이 '남 살리기'에 힘쓰면 상대방을 이롭게 하고, 그 남은 것만 차지하더라도 충분히 복락과 운수를 많이 누리고 받을 수 있으리라고 주장했다.

호생의 덕을 쌓으라

"어려서부터 호생(好生)의 덕(德)이 많으사, 나무 심으시기를 즐기시며, 자라나는 초목(草木)을 꺾지 아니하시고, 미세한 곤충이라도 해(害)하지 아니하시며, 또 위기에 빠진 생물을 보시면 힘써 구하시니라."

증산은 어릴 때부터 호생의 덕이 많았다고 전한다. 살아 있는 것들을 좋아하고 북돋아주는 일에 늘 힘썼다는 이야기다. 구체적으로 그는 나무 심기를 즐겨 하고, 자라나는 초목을 꺾지 않고, 작은 미물 곤충이라고 함부로 해치지 않았다고 한다. 나아가 증산은 위기에 처한 생물을 보면 힘써 구하는 일에 매진했다고 전한다. 덕을 쌓는 일과 관련해서 증산의 "내가 지나는 길에 덕을 흘려야 하리라"라는 말과 "모든 사람에게 온정(溫情)을 베풀라"라는 말이 있다. 그의 천성(天性)이 살리기를 좋아하는 성품을 지녔음이 강조된 대목이다. 모름지기 삶과 생명을 해치는 행동을 금하고, 살아있는 모든 것들을 사랑하고 품으라는 가르침이다.

마음을 잘 닦아라

증산은 '마음 닦기'에 힘쓰라고 가르쳤다. 그는 "마음을 잘 닦아 앞에 오는 좋은 세상을 맞이하라"라고 말했다. 마음을 잘 닦는 일이 장차 다가올 좋은 세상에 살아남기 위한 유일한 방법이라는 뜻이다. 그리고 증산은 "잡념을 떼고 정심하라"라고도 가르쳤다. 여기서 '정심(正心)'은 '바른 마음' 또는 '마음을 바르게 하기'다.

한편 증산은 "새 세상을 보기가 어려운 일이 아니라, 마음 고치기가 어렵다"라고 말했다. '새로운 인간으로 거듭나라'라는 말이다. 객관적으로 주어지는 새 세상을 보는 일은 쉬울지라도 주체적 역량으로 '마음 고치기'가 무척 어렵다는 주장이다. 내 마음을 고치고 닦는 일이 선행되어야 비로소 이상적인 새 세상을 맞이할 수 있을 것이라는 점을 강조한 말이다.

그리고 증산의 "말은 마음의 소리이다"라는 말도 전한다. 행위의 변화를 유도해야 한다는 뜻이다. 단순한 '말'이 아니라 '행위나 행동'으로써 스스로 구원해야 한다는 의미다. '마음 고치기'나 '마음 닦기' 또는 '바른 마음 갖기'는 눈으로 보기 힘든 일이지만, 마음의 소리인 인간이 내뱉는 '말'을 통해서는 확인할 수 있는 뜻이다. 인간의 마음은 인간의 말을 통해서만이 드러난다. 따라서 그 사람이 하는 말을 잘 들으면 그의 마음 상태와 수준을 확인할 수 있는 것이다. 그만큼 말을 조심하라는 가르침이다.

말에 덕을 쌓으라

증산은 "언덕(言德)을 잘 가지라"라고 했다. 말할 때 덕을 가지고 하라는 뜻이다. 말조심에 특별히 신경을 쓰라는 가르침이다.

> "너희들은 베풀 것이 없으니, 오직 언덕을 잘 가지라. 남의 말을 좋게 하면 그에게 덕(德)이 되어 잘되고 그 남은 덕이 밀려서 점점 큰 복이 되어 내 몸에 이르고, 남의 말을 나쁘게 하면 그에게 해(害)가 되어 망치고 그 남은 해가 밀려서 점점 큰 재앙이 되어 내 몸에 이르느니라."

위의 인용문을 통해 증산은 말을 하는 일의 중요성에 대해 논했다. 말을 잘하고 나쁘게 하는 일에 의해 복(福)과 화(禍)가 결정되는 과정을 설명했다. 말의 중요성을 매우 강조하면서 구체적인 복과 화를 정하는 결정적 기준이 된다는 점을 강조한 대목이다.

또 증산은 평소에도 "이 뒤로는 모든 일에 실없는 말을 삼가라"라고 말했으며, 종도들에게 농담도 금지했다. 이와 관련하여 증산은 농담 한마디에도 천지의 기운이 응한다고 주장하기도 했다. 실제로 증산의 말에 응하여 천지의 기운이 막히기도 했던 일화도 전한다.

그리고 증산은 자신의 종도를 따르는 머슴에게조차 말을

하대(下待)하지 않았다고 전한다. 이때 그는 "어떤 사람을 대하든지 다 존경하라. 이 뒤로는 적서(嫡庶)의 명분(名分)과 반상(班常)의 구별(區別)이 없어지느니라"라고 말했다. 만나는 사람마다 높임말을 하라는 가르침이다. 앞으로는 적자와 서자의 구별과 양반과 상놈의 차별이 없어지는 새 시대가 전개될 것이기 때문에 상대방을 존경심을 갖고 대해야 한다고 강조한 것이다. 반상의 구별이 뚜렷하던 시대를 살았던 증산은 그의 깊은 통찰력으로 미래를 엿보았기 때문인지 상대방을 멸시하고 천대하고 하대하는 말을 하지 않았다고 전한다. 실제로 오늘날은 사람들이 처음 만나는 사람에게는 누구나 높임말을 하는 시대를 살고 있다.

또 증산은 주막에서도 주인이나 심부름꾼에게 경어(敬語)로 술을 시켰다고 전한다. 습관대로 낮은 말로 술을 불러 먹는 종도에게 증산은 "이때는 해원(解冤)시대라. 상놈의 운수니, 반상의 구별과 직업의 귀천을 가리지 않아야 속히 좋은 세상이 되리니, 이 뒤로는 그런 언습(言習)을 버리라"라고 가르쳤다. 말을 높이는 일이 시대정신인 해원을 실현하는 거룩한 행위라고 규정한 다음, 증산은 속히 새 세상을 만들기 위해서라도 상대방에게 낮은 말을 하는 행위를 버리라고 가르친 것이다. 인간이 하는 말에 따라 새 시대의 도래 여부가 결정된다고 선언한 것이다. 일상에서 하는 말의 중요성을 매우 강조한 대목이다.

　나아가 증산은 "말은 마음의 소리요, 행사(行事)는 마음의 자취라"라고 정의했다. 보이지 않는 인간의 마음은 그가 하는 말에 의해 드러나고, 보이지 않는 마음의 움직임은 그가 하는 행동에 따라 알 수 있다는 말이다. 말과 행동을 조심하라는 가르침이며, 그 중요성을 강조한 대목이다.

　증산은 "미워하여 제거하고자 하면 잡초가 아닌 것이 없고〔오장제거무비초(惡將除去無非草)〕, 사랑하는 마음으로 보고자 하면 모든 풀이 꽃이니라〔호취간래총시화(好取看來總是花)〕"라고 읊었다. 모든 사물과 일이 '마음먹기'에 달려 있다는 뜻의 시다. 그런데 인간의 마음은 말을 통해 드러나고 상대방이 알 수 있다. 이와 관련하여 증산은 "말을 좋게 하면 점점 큰 복을 이루어 내 몸에 이르고, 말을 나쁘게 하면 재앙이 되어 점점 큰 재앙을 이루어 내 몸에 이르느니라"라고 주장했다. 말을 좋게 하고 나쁘게 하는 데 따라 복과 화가 자신의 몸에 이르게 된다는 설명이다. 말의 중요성이 다시 한 번 강조되었다.

　"언습을 삼가라. 시속에 먹고살려고 좋은 반찬에 잘 먹고 나서는 문득 배불러 죽겠다고 말하며, 일하여 잘 살려고 땀 흘리며 일한 뒤에는 문득 힘들어 죽겠다고 말하니, 이때는 말대로 되는 때

라. 말을 삼가라."

말하는 습관의 중요성을 강조한 대목이다. 잘 먹은 다음에 "배가 불러 죽겠다"라고 말하거나 열심히 일한 다음에 "힘들어 죽을 지경이다"라고 말하는 경우가 있는데, 증산은 다시는 이런 말을 하지 말라고 경계했다. 왜냐하면 이제는 말하는 대로 되는 시대를 맞이했기 때문이다. 인간의 말에 응하여 천지의 모든 일이 결정되는 시대가 되었으니, 항상 말을 조심해야 한다는 의미다.

따라서 증산은 "어디서 무슨 부족한 일을 볼지라도 큰일에 낭패될 일만 아니면 항상 좋게 붙여서 말하라"라고 가르쳤다. 비록 부족하거나 마음에 조금 들지 않더라도 대세에 지장이 없다면 좋게 평가해서 말하라는 가르침이다. 넉넉하게 살을 붙여 후하게 평가하고 말해주면 이 역시 복덕이 된다는 주장이다.

항상 말을 조심하라고 가르친 증산은 "남의 말을 좋게 하면 덕(德)이 되느니라"라고 말하여, 좋은 말을 하는 일이 결국은 나의 덕과 복이 되기 때문이라고 그 이유를 밝혀주기도 했다. 그리고 증산이 종도들이 악담(惡談)하지 못하게 한 까닭은 척이 되어 보복할까를 염려했기 때문이다. 나아가 증산은 "남이 힘들여 말할 때 설혹 그릇된 점이 있을지라도 일에 낭패만 없으면 반박하지 말라. 그도 또한 척이 되느니라"라고 가르치기도 했다.

평화를 주장하라

"너희들은 항상 평화(平和)를 주장하라. 너희들끼리 싸우면 밖에서는 난리가 일어나리라."

증산은 지향해야 할 중요한 덕목이 평화라고 가르쳤다. 평화를 위주로 하고, 평화를 주장하는 사람이 되라고 가르친 것이다. 그 이유에 대해 증산은 자신을 따르는 종도들 사이에 갈등과 대립이 있게 되면 밖에서는 엄청난 혼란이 생기기 때문이라고 밝혀주었다. 상생의 평화를 유지하는 일의 중요성을 특히 강조한 대목이다.

남의 장점을 취하라

"모든 사람을 대할 때에 그 장처(長處)만 취하여 호의를 가질
것이요, 혹 단처(短處)가 보일지라도 잘 용서하여 미워하는 마음
을 두지 말라."

증산은 사람을 대할 때에는 항상 상대방이 가진 장점을
보고 후하게 평가하여 좋은 뜻을 가지라고 가르쳤다. 혹시라
도 상대방의 단점이 보이더라도 용서하는 자세로 너그럽게 받
아들이고 그들을 미워하지 말라고도 가르쳤다. 얼핏 보면 쉽
게 행할 수 있는 일인 듯하지만, 실제로 그렇게 행동하기는 매
우 어렵다. 높은 도(道)를 추구하는 일은 이처럼 일상적인 생활
에서 하는 평범한 일에 그 실마리가 있는 것이다. 남의 장점을
취하고, 남의 단점을 포용하라는 증산의 가르침이 널리 행해
질 때, 비로소 이 세상은 조금씩 더 나은 새 세상으로 가는 길
을 앞당길 수 있을 것이다.

때린 손을 어루만져주라

"다른 사람이 만일 나를 치면 그의 손을 만져 위로할지니라."

증산은 나를 때리는 상대방의 손길을 어루만져주라고 가르쳤다. 실로 행하기는 무척 어려울 듯하다. 어쨌든 증산은 나를 해치는 사람의 입장과 마음에 서서 그들의 자그마한 아픔마저도 수용하라고 가르친 것이다. 왼쪽 뺨을 때리면 오른쪽 뺨을 내밀라는 예수의 가르침은 자칫하면 반항하고 대드는 행동으로 보일 수도 있다. 그런데 증산은 때리는 상대방 손이 가졌던 자그마한 아픔마저도 위로하라고 가르쳤다. 한 수 높은 가르침으로 평가할 수 있겠다.

악을 선으로 갚으라

증산은 "이제는 악(惡)을 선(善)으로 갚아야 하는 때이다"라고 선언했다. 만일 악을 악으로 갚으면 되풀이 되풀이로 이어져 후천에 악의 씨를 뿌리는 일이 될 것이다. 이에 그는 악을 악으로 갚는다는 마음을 먼저 버리고 자신을 따르라고 가르쳤다. 악을 선으로 갚을 때 비로소 새 세상이 열려나간다고 강조한 셈이다.

증산은 선과 악을 구별하는 일을 삼가라고 가르쳤다. 그는 악한 자도 나누어 먹는 일이 있어서 훗날 잘되는 경우가 있다고 말했으며, 도(道)가 높아지는 만큼 악도 따라서 성장한다고 지적하여, 선과 악을 분별하지 않았다. 나아가 증산은 사람이 태어날 때 산모(産母)가 악을 쓰기 때문에 세상에 악이 만연하게 되었다고 설명했다. 이 세상에 절대악(絶對惡)은 존재하지 않는다는 입장이다.

너와 내가 서로 화해하면 천하가 화평하리라

증산은 "촌 양반은 고을 아전에게 아전 놈이라 부르고, 고을 아전은 촌 양반에게 양반놈이라 부르니, 이것은 모두 불평(不平)줄이라. 이제 너와 내가 서로 화해하면 천하가 다 화평(和平)하리라"라고 말했다. 증산은 상대방을 폄하하여 낮은 말로 부르는 일을 금지했다. 그리고 불평하는 기운이 모여 그렇게 된 일이라는 설명을 덧붙였다. 증산의 주장에 따르면 이제 너와 내가 서로 화합하고 이해하면 천하가 모두 평화롭게 될 것이라고 한다. 나 스스로가 상대방을 높일 때 비로소 세상은 밝은 평화로 가득 차게 되는 시발점이 될 것이라는 가르침이다. 내가 먼저 작은 일이라도 소홀히 하지 말고 굳건히 실행하고 실천할 때 평화의 시작이 비롯될 것이라는 말이다. 이상은 결코 먼 데 있지 않다. 가까운 일상의 작은 일에서부터 시작할 것을 강조한 대목이다.

자신을 먼저 살피라

밖에 나갔다가 다른 사람에게 패욕을 당하고 돌아온 종도에게 증산은 "청수(淸水)를 떠놓고 스스로 허물을 살펴 뉘우치라"라고 가르쳤다. 내가 어떤 사람에게서 욕을 먹는 일이 생기면 스스로 허물이나 잘못이 없는지를 먼저 살피라는 가르침이다. 욕의 근원을 찾는 일을 나로부터 시작하라는 말이다.

나아가 증산은 "앞으로 그런 일을 당하면 조금도 상대방을 원망하지 말고, 스스로 몸을 살피라. 만일 허물이 네게 있는 때에는 그 허물이 다 풀릴 것이오, 허물이 네게 없을 때에는 그 독기(毒氣)가 본처(本處)로 돌아가느니라"라고 설명했다. 항상 나부터 반성하는 자세로 행하면 허물이나 잘못이 자신에게 있더라도 남김없이 사라질 것이고, 만일 허물이나 잘못이 상대방에게 있는 경우에는 악한 기운이 그에게 되돌아갈 것이라고 설명했다. 남을 원망하지 않고 반성은 항상 나로부터 비롯해야 한다는 점을 강조한 대목이다.

남을 속이지 말라

증산은 "이 시대는 거짓말하는 자가 없이 하는 시대니, 꼭 바른 말을 하라"라고 가르쳤다. 증산은 유달리 말을 조심하라고 가르쳤다. 그 이유에 대해 그는 "이때는 거짓말이 없어지는 시대"라고 설명했다. 증산은 옳고 바른 말을 하는 일에 신경을 쓰라고 경계했다.

그리고 증산은 '남 속이지 않는 공부'를 시켰다고 전한다. 이러한 맥락에서 증산은 비록 성냥이라도 다 쓴 뒤에는 그 빈 갑을 꾸겨서 버리라고 가르쳤다. 혹시라도 어떤 사람이 빈 성냥갑을 보고 알맹이가 들어있는 줄 착각하는 일이 없도록 배려한 것이다. 작은 일을 성실히 실천해야 비로소 새 세상에 참여할 수 있는 자격이 생길 것이라는 점을 강조한 것이다.

성(聖)과 웅(雄)을 합하여 행동하라

> "마음은 성인의 바탕으로 닦고, 일은 영웅의 도략(韜略)을 취하라."

증산은 성인과 영웅 모두에게서 그 장점을 취해 배우고 실천하라고 가르쳤다. 성인에게는 심법(心法)을 배워서 닦아 나가고, 영웅에게서는 일을 처리하는 지혜와 방법을 배우라는 가르침이다. 증산이 자신의 '일꾼'들에게 내린 모범적 삶의 덕목과 강령으로 보인다.

증산은 종도들에게 항상 참는 공부를 가르쳤다고 전한다. 그는 "남에게 분하고 억울한 일을 당할지라도 대항하지 말고 자기의 과실(過失)을 생각하여 끄르라"라고 말했다. 상대방에게 억울한 일을 당하더라도 항거하지 말고 먼저 스스로 잘못이나 실수가 있었는지를 반성하고 풀어버리라는 가르침이다.

그런데 술에 취해 무수한 패설(悖說)을 하는 사람에게 한 마디도 대답하지 않고 스스로 지쳐서 돌아가게 한 종도에게, 증산은 "네 기운이 너무 빠졌으니, 좀 회복하라. 덕(德)으로만 처사(處事)하기는 어려우니, 성과 웅을 합하여야 하느니라"라고 말하기도 했다. 성인의 심법과 영웅의 도략을 함께 추구하라는 증산의 가르침이 다시 한 번 강조되는 대목이다. 이처럼 증산은 성과 웅을 합한 사람을 이상적인 인간상으로 제시했다.

나아가 증산은 "일꾼이 된 자 강유(剛柔)를 겸비하여 한 편이라도 기울지 아니하여야 할지니, 천지의 대덕(大德)이라도 춘생추살(春生秋殺)의 은위(恩威)로써 이루느니라"라고 말했다. 그는 자신의 가르침을 따르는 '일꾼'들은 모름지기 '굳셈과 부드러움을 모두 갖추어야 한다'라고 경계했다. 천지의 큰 덕도 봄에는 뭇 생명을 살리지만 가을에 접어들면 알곡을 거두기 위해 죽임도 거부하지 않는 일과 마찬가지로, 도(道)를 닦고자 하는 사람도 성과 웅, 강과 유를 겸비해야 할 것이라는 가르침이다.

신분 차별을 하지 말라

"양반과 상놈의 구별을 하지 않고, 직업의 귀천을 가리지 않아
야 속히 좋은 세상이 되리라."

증산은 "양반의 기습을 속히 빼고 천인(賤人)을 우대하여
야 속히 좋은 시대가 이르리라"라고 말했다. 신분 차별의 철폐
를 주장한 내용이다. 뼈기거나 으스대는 기운과 습관을 빨리
버리고 천하고 약한 사람을 높이 대접해야 좋은 세상이 속히
열리리라는 전망이다. 사람을 잘 대접하는 일이 새 세상을 세
우는 지름길이라는 말이다.

또 증산은 "양반을 찾는 것은 그 선영(先靈)의 뼈를 오려
내는 것 같아서 망하는 기운이 이르나니라"라고 말했다. 양반
임을 주장하기 위해 자랑하는 행동은 그들의 조상들의 골수
를 뽑아내는 일이나 마찬가지라는 말이다. 그렇게 되면 망하
는 기운이 자연스레 따라 들 것이라고 경계하고 있다. 양반이
라고 자랑하면 안 된다는 말이다. 이와 관련된 "양반의 기습을
본뜨거늘 대인(大人)의 공부를 닦는 자는 항상 공근(恭謹)하고
온화한 기운을 기를지니라"라는 증산의 말도 전한다. 큰 사람,
참된 사람이 되는 노력을 하는 사람은 반드시 공손하고 삼가

고 온화한 기운을 기르는 일에 힘쓰라는 가르침이다.

또 증산은 "억지로 꾸며서 점잔과 교식(巧飾)을 내는 것은 사(邪)된 일이니라"라고 말했다. 점잔을 강조하고 헛된 자랑을 하는 행위는 삿되다고 경계한 대목이다. 양반들의 행동을 비판한 내용으로 볼 수 있다.

한편 증산은 "부귀하고 강하고 지혜로운 자를 멀리하고, 오직 빈천하고 병들고 어리석은 자를 가까이 하노니, 그들이 곧 내 사람이니라"라고 말했다. 증산은 천한 신분에 고민하고, 아파서 고통받고, 어리석은 사람들이 참으로 자신의 가르침을 따를 사람들이라고 주장한 것이다. 현세에 부귀를 누리고 권력과 지혜를 자랑하는 자들은 새 세상에는 그렇게 되지 못할 것이라는 전망을 한 셈이다. 이와 관련된 증산의 "오직 빈궁한 자라야 제 신세를 제가 생각하여 도성덕립(道成德立)을 하루바삐 기다리며 운수(運數)가 조일 때마다 나를 생각하리니, 그들이 곧 내 사람이니라"라는 말도 있다.

그리고 증산은 "도한(屠漢)과 무당(巫堂)에게 천하게 대우하지 말라"라고 가르쳤다. 도축업에 종사하는 사람들과 무당들을 천시하지 말라는 말이다. 낮은 신분과 비천한 사람들에게 증산의 도(道)가 먼저 전해질 것이라는 암시가 들어있는 대목이다.

또 증산은 "어떤 사람을 대하든지 마음으로 반기며 잘 대우하면, 사람은 모를지라도 신명은 알아서 어디를 가든지 대우를 잘 받게 되느니라"라고 말했다. 상대방을 호의로 대하면 비록 그 사람은 즉각 반응하지 못하더라도 그들을 보호하고 있는 신명들은 기억하고 있다가 반드시 보답한다는 말이다. 내가 행하는 행동 하나하나가 모두 엄연한 결과가 있을 것이라는 뜻이다. 신계 내지 신명계의 보답을 강조한 대목이 특기할 만하다.

증산은 "사람을 쓸 때에는 남녀의 구별이 없느니라"라고 말하기도 했다. 천지가 사람을 쓰고자 할 때에는 남성과 여성을 구별하거나 차별하지 않는다는 주장이다. 이와 관련하여 증산의 "장차 남녀동권시대(男女同權時代)가 되리라"라는 말이 전한다.

음덕에 힘쓰라

증산은 "외식(外飾)을 버리고 음덕(陰德)을 힘쓰라. 덕은 음덕이 크니라"라고 말했다. 겉치레에 신경 쓰지 말고 남이 모르도록 덕을 쌓는 일에 노력하라는 가르침이다. 드러나고 자랑하는 덕업(德業)을 닦지 말고 남몰래 덕(德) 쌓기에 힘쓰라는 말이다. 남이 쉽게 알아차릴 수 없도록 덕을 쌓아도 반드시 그 갚음과 되돌려받음이 있을 것이라는 뜻이다.

한편 증산의 "덕을 잘 닦고 사람 대우하는 데 길성(吉星)이 비치나니, 이 일이 곧 피난(避難)하는 길이니라"라는 말도 전한다. "길한 별이 비친다"라는 말은 예부터 전해 내려오는 비결(祕訣)에 난리가 일어나더라도 안전한 땅을 가리키는 관용구다. 그런데 증산은 특별한 장소나 지역을 가리키는 "길한 별이 비치는 곳"이 바로 스스로 덕을 잘 닦고 사람을 잘 대접하는 일이라고 해석했다. 덕을 닦고 사람을 잘 대우하는 나의 행동이 바로 난리를 피할 수 있는 덕목과 윤리라는 점을 주장한 셈이다.

돈은 순환지리로 쓰는 것이니라

"돈이란 것은 순환지리(循環之理)로 생겨 쓰는 것이요, 구하여 쓸 것은 못되나니, 백년탐물(百年貪物)이 일조진(一朝盡)이라 하느니라."

증산은 돈은 둥글게 순환하는 이치에 따라 생겨났다가 없어졌다가 하는 물건이라고 그 성격을 규정했다. 이윽고 그는 돈은 일부러 구해서 쓸 물건이 아니라고 경계하라는 가르침을 내린 다음, "백 년 동안이나 물건을 탐하더라도 하루아침에 남김없이 없어질 것이다"라는 시구를 덧붙인다. 한순간에 없어질 수도 있는 돈에 대한 애착심을 과감히 버리라는 가르침이다.

이러한 돈의 성질과 관련하여 증산은 "보화(寶貨)라는 글자에 낭패(狼狽)라는 패(貝)자가 붙어있느니라"라고 말해주기도 했다. 돈이나 보물에는 그 글자 자체에 낭패를 뜻하는 것이 붙어있기 때문에 억지로 구하거나 탐욕스럽게 취해서는 안 될 것이라는 말이다. 이윽고 증산은 "남의 보배를 탐내지 말라"라고 가르쳤다.

한편 증산은 "선천에는 돈의 눈이 어두워서 불의한 사람을 따랐거니와, 이 뒤로는 그 눈을 틔워서 선한 사람을 따르게 하리라"라고 재미있는 말을 하기도 했다. 지난 시절을 뜻하는 선천에는 돈에 붙어있는 눈이 어두웠기 때문에 의롭지 못한 사람을 주로 따랐지만, 앞으로 후천이라는 이상사회가 전개되면 어두웠던 돈의 눈이 밝게 틔워져 착한 사람을 따르게 만들 것이라는 주장이다.

부모를 잘 공경하라

"복(福)은 위로부터 나리는 것이오, 아래에서 치오르지 아니하
나니, 부모를 잘 공경하라 하시니라."

증산은 자신의 자식을 매우 사랑하는 한 제자에게 "복은
위로부터 내리는 것이요, 아래에서 치오르지 아니한다"라고
경계하고, 자식보다는 부모를 잘 모시라는 가르침을 내렸다.
자식은 애지중지 사랑하면서 오히려 자신을 낳고 길러준 부모
는 소홀히 대접하는 사람들을 경계한 내용이다. 자식 사랑보
다 부모 공경에 더욱 힘쓰라는 말이다.

그리고 증산은 조상신(祖上神)에게 제사를 지내는 일에 게
을리해서는 안 된다고 가르쳤다. 그는 선령제사(先靈祭祀)와 봉
공의무(奉公義務)를 다하라고 강조했다.

자력을 쓰라

증산은 자신의 부친에게 남에게 의뢰하지 말고 일상생활

에 항상 자력(自力)을 쓰도록 권유했다. 그리고 평소에 허물 지은 것을 생각하여 허물 닦기를 힘쓰라고 엄격하게 경계하기도 했다. 따라서 증산은 자기 종도들이 부친에게 물품이나 금품을 드리는 일을 엄하게 금지했다. 사람은 모름지기 타력에 의지하지 말고 자력에 힘써야 한다는 말이다. 이와 관련된 증산의 "우리 공부는 물 한 그릇이라도 연고(緣故)가 없이 남의 힘을 빌리지 못하는 공부니, 비록 부자형제 간이라도 헛된 의뢰를 하지 말라"는 말이 있다.

"판 밖에서 남의 의뢰 없이 남 모르는 법으로 일을 꾸미노라."

급기야 증산은 자신이 행하는 천지공사(天地公事)가 주어진 한계를 지니는 판 안에서 이루어지는 일이 아니라 판 밖에서 결정되는 일이라고 주장했다. 그리고 그 일은 남에게 의뢰하지 않고 이루어지기 때문에 상대방이 알아채기 어려운 방법으로 진행될 것이라고 말했다. 다른 사람이나 형세에 의지하거나 의뢰하지 않고 오직 스스로의 힘과 노력으로 천지공사가 매듭지어질 것이라고 주장한다. 타력(他力)이 아닌 자력(自力)으로 이루어지는 천지공사를 강조한 셈이다.

또 증산은 "수운가사에 '네가 무슨 복력(福力)으로 불로자

득(不勞自得) 하단 말인가?'라 하였나니 알아두라"라고 종도들
에게 말했다고 전한다. 스스로 노력하지 않고 저절로 이루어
지는 일은 있을 수 없다는 사실을 강조한 대목이다. 세상에 불
로소득(不勞所得)의 이치는 존재하지 않는다는 가르침이다. 그
러므로 오로지 나 스스로의 힘과 노력으로 매사에 임해야 어
떤 일의 완성을 볼 수 있다는 경계가 담겨 있는 말이다.

> "사지종용(事之從容)도 자아유지(自我由之)하고, 사지분란(事之
> 紛亂)도 자아유지(自我由之)라."

증산은 어떤 일이나 사건이 다스려지는 것도 나 스스로에
게서 말미암고, 그것이 어지러워지는 것도 나 스스로에게 달
려 있다고 읊었다. 특정한 일이 오직 개인 스스로에게 달려 있
다는 사실을 강조한 대목이다.

여러 질병의 대속

증산은 자신을 믿고 따르는 사람들의 온갖 종류의 질병

을 낮게 해 준 인물로 기억된다. "손으로 만져서 죽은 사람을 일으키며, 말 한마디로 위태한 병을 고쳤다"라는 전언이 전할 정도다. 실제로 『대순전경』에는 증산이 이미 죽은 사람을 살렸다는 기록이 세 번이나 전한다. 그리고 『대순전경』에는 아예 「치병(治病)」이라는 독립된 장(章)에서 50여 건의 병 고침 사례가 실려 있기도 하다. 그리고 증산은 스스로의 직업에 대해 "나는 의원(醫員) 노릇을 하노라"라고 밝히기도 했던 인물이다. 나아가 증산은 자신의 생애 자체가 "병든 사람과 세상을 고치는 일〔제생의세(濟生醫世)〕"이라고 주장하기도 했다.

증산은 청주 지역에서 콜레라가 급속히 번져 많은 사람이 죽는다는 소식을 듣고, "괴질신장(怪疾神將)에게 칙령을 내리노니, 어찌 제왕과 장상들의 집은 범하지 못하고, 이같이 무고한 창생들의 집만 범하느냐?"라는 글귀를 써서 불사르는 종교적 행위를 하고, "내가 이를 대속(代贖)하리라"라고 말하고 새 옷 다섯 벌을 한 벌씩 갈아입고 설사하여 버리는 일을 통해 콜레라를 물리쳤다고 전한다. 인간을 괴롭히는 질병의 원인이 신명(神明)이라고 주장한 점이 특기할 만하며, 글귀를 써서 불에 태우는 행위를 통해 이를 물리쳤다는 점도 독특하다. 나아가 증산은 이러한 자신의 종교적 치병(治病) 활동을 '대속'으로 표현했던 사실도 확인된다. 내가 남을 대신하여 질병을 앓고

낮게 하는 행위가 대속이라는 용어로 표현된 것이다. 한편 증산은 이 세상을 떠나기 직전에 "세상의 온갖 질병을 대속하는 행위"를 몸소 행했다. 여기에는 여러 질병의 이름이 거론되며, 이를 지켜본 여러 종도들의 전언이 뒤따랐다.

조상에게 의지하는 일을 삼가라

증산은 3년 동안의 천하유력(天下遊歷)을 끝내고 1901년 가을에 고향 집에 돌아오자마자 선령(先靈)의 공명첩(功名帖)을 불살랐다. 양반들이 자신의 가문을 자랑하고 조상들의 이름과 관직을 적어놓은 첩지를 모두 불태웠다는 이야기다. 증산이 살던 당시의 조선사회는 엄격한 신분질서가 점차 해체되기 시작하던 때였다. 증산이 자기 조상들의 공명(功名)이 적힌 기록들을 몽땅 불에 태운 행위는 이제 더 이상 조상들의 음덕(蔭德)에 기대어 살고자 하는 헛된 욕심을 버린 행위였다. 어떤 조상들의 모모한 이름을 거론하면서 현재의 자신의 위상을 높이려는 일은 이제는 과감히 버려야 할 과거의 습속과 행태에 불과하다는 선언이요 실천이었다.

주문을 외워라

마음을 진언(眞言) 혹은 주문(呪文) 소리와 하나로 결합시키는 일이 중요하다. 주문은 '마음을 보호하는 것'을 뜻한다. 마음이 부정적인 성향에 빠지지 않도록 보호하며, 스스로를 자신의 마음으로부터 보호하는 것이 바로 주문이다. 신경이 날카롭고, 마음이 종잡을 수 없고, 감정적으로 나약할 때 주문을 읊조리거나 외우면, 에너지와 기운이 변화됨으로써 우리의 마음이 완전히 바뀔 것이다. 따라서 주문은 소리의 정수(精髓)이며, 소리의 형태로 표출된 진리이기 때문에 그러한 일이 가능하다. 주문의 음절 하나하나는 영적(靈的)인 힘이 내장되어 있고, 영적인 진리가 함축되어 있으며, 깨달은 사람들의 말씀에 깃들인 축복으로 진동하고 있다.

증산은 "주문은 무슨 주문이든지 믿고만 읽으면 좋으니라"라고 말했다. 그러면서도 증산은 "태을주(太乙呪)를 많이 읽으라"라고 가르쳤는데, "김경흔(金京訢, 충청도 비인 사람)은 50년 공부로 태을주를 얻었다"라고 설명해주었다. 태을주의 전문은 다음과 같다.

"훔치훔치(吽哆吽哆) 태을천상원군(太乙天上元君) 훔리치야도래(哶哩哆耶都來) 훔리함리사파하(哶哩喊哩娑婆訶)"

증산교단인지 아닌지를 판단하는 방법 가운데 하나는 그 교단이 태을주를 사용하느냐의 여부를 확인하는 일이다. 이처럼 태을주를 외우는 일은 증산교인들의 가장 대표적인 특징이다. 이와 관련하여 어떤 사람을 입교시킬 때 증산은 청수(淸水)를 앞에 놓고 둘러선 두 사람으로 하여금 태을주를 "중이 염불(念佛)하듯이 21번 읽게 했다"라고 전한다. 또 "태을주를 문 위에 붙이면 신병(神兵)이 지나다가 도가(道家)라 하여 침범하지 않고 물러가리라"라는 증산의 말도 전한다.

그리고 증산이 "태을주와 운장주(雲長呪)를 내가 시험하였노니, 너희들은 많이 읽으라. 태을주는 역율(逆律)을 범하였을지라도 옥문(獄門)이 스스로 열리고, 운장주는 살인죄에 걸렸을지라도 옥문이 스스로 열리느니라"라고 주문의 효능에 대해 한 말도 전할 정도다. 요컨대 증산은 "오는 잠 적게 자고 태을주를 많이 읽으라. 하늘 으뜸가는 임금이니, 5만 년 동안 동리동리 각 학교에서 외우리라"라고 예언했다.

이 외에도 증산은 종도들에게 자신이 지은 오주(五呪)를 수련하게 했고, "도리원서(桃李園序)를 일천 번 읽으라"라고 말하기도 했다. 또 "시천주(侍天呪)를 혀와 입술을 움직이지 말고 많이 묵송(黙誦)하라"라고도 말했는데, 시천주는 동학(東學)의 대표적 주문이다. 나아가 증산은 "큰 운수(運數)를 받으려는 자는 서전서문(書傳序文)을 많이 읽으라"라고 말했으며, 종도들에게 『삼략(三略)』 「수장(首章)」을 일주일 동안 읽으라고 명하기도 했다.

증산은 신앙의 본질을 주문을 읽는 일에 두었다. 타자에 대한 일방적 의뢰심을 갖지 말고, 자기 수련에 몰두하여 내공을 쌓으라고 가르친 셈이다. 그는 나름대로 의뢰심이 아닌 자기 실천의 방법을 주문 수련으로 제시한 것이다. 이는 신적 존재와의 소통이 아니라 스스로를 신적 존재로 변화시키는 수행을 강조한 일로 볼 수 있다. 순종이 아닌 변화를 주장한 것이다. 이러한 증산의 주문을 외우라는 가르침은 "항상 수련하라"라는 말로도 해석할 수 있겠다. 자기 정화와 끊임없는 정진을 요구했던 것이다. 주문을 외우며 "정신을 집중하라. 항상 깨어 있으라"라는 것이 증산이 가르친 바이다.

의통을 알아두라

"선천 개벽 이후로 아직 병겁(病劫)은 크게 없었나니, 이 뒤에
는 병겁이 온 세상을 엄습하여 인류를 전멸케 하되 살아날 방법
을 얻지 못하리니, 모든 기사묘법(奇事妙法)을 다 버리고 의통(醫
統)을 알아두라."

증산은 선천과 후천의 교역기에 발생한다는 엄청난 재앙
을 불러일으키는 급속 전염병 내지 급살병에 대처하기 위한
유일한 방법으로 의통을 제시했다. 인류가 전멸할 위기상황을
극복하기 위한 방법으로 의통이 언급된 것이다. 의통은 증산
이 독창적으로 사용한 조합어다.

"내가 천지공사를 맡아봄으로부터 이 땅에 모든 큰 겁재(劫災)
를 물리쳤으나, 오직 병겁은 그대로 두고 너희들에게 의통을 전
하여주리니, 순전한 마음으로 의통을 알아두라."

위의 인용문에서도 증산은 병겁의 발생과 병겁을 물리칠
의통에 대해 거듭 강조하여 설명한다. 병겁이 선천과 후천을
넘어가는 과도기에 반드시 일어날 것이며, 그에 대한 유일한

치유책이 바로 의통이라는 주장이다.

> "모든 무술(武術)과 병법(兵法)을 멀리하고, 비록 비열한 것이
> 라도 의통을 알아두라. 사람을 많이 살리면 보은(報恩)줄이 찾아
> 들어 영원한 복을 얻으리라."

의통은 "비열한 것"으로 표현된다. 따라서 의통은 결코 특
별하거나 독특한 것이 될 수가 없다. 여러 증산교단에서는 제
각기 의통이라고 주장하는 것들이 다양하다. 그렇지만 의통은
여전히 신비한 영역에 속한 믿음의 문제로 남아있다. 신비는
해석이 불가능하고, 해석이 필요없다. 의통이 어떤 것이든지
간에 증산교단만의 독특한 신앙으로 전승되고 있다는 사실 그
자체가 중요할 따름이다.

한편 증산은 "나를 잘 믿는 자에게 해인(海印)을 전하여주
리라"라고 말하기도 했다. 증산교단에는 다양한 해인에 관한
신앙이 있는데, 해인이 의통에 포함되는 물건이라는 신앙이
대부분이다.

보은(報恩)하라

증산은 "밥을 한 그릇만 먹어도 잊지 말고, 반 그릇만 먹어도 잊지 말라"라고 가르쳤다. 남에게 신세를 지면서 얻어먹은 밥 반 그릇의 은혜라도 반드시 갚으라는 말이다. 이와 비슷한 의미의 "일반지덕(一飯之德)을 필보(必報)라는 말이 있으나, 나는 반반지은(半飯之恩)도 필보하라 하노라"라는 증산의 말도 전한다. 하찮고 자칫하면 잊어버리기 일쑤인 밥 반 그릇의 자그마한 은혜를 갚는 일에서 세상의 변화가 시작될 것이라는 의미가 담겨 있다.

그리고 증산은 "원수를 풀어 은인(恩人)과 같이 사랑하면, 덕(德)이 되어 복(福)을 이루느니라"라고 말했다. 원수를 은인과 같이 사랑하라는 숭고한 가르침이다. 기독교의 원수 사랑과 맥락을 같이하는 말이다. 여기서 한 걸음 더 나아간 증산은 원수 사랑은 "덕이 되어 복을 이룬다"라고 그 과정을 자세히 설명하고 있다.

또 증산은 "악을 악으로 갚으면 피로 피를 씻기와 같으니라"라고도 말했다. 상대방의 악하고 나쁜 행위를 내가 되갚는 일은 마치 피를 피로써 씻고자 하는 어리석은 행위와 마찬가지라는 주장이다. 악을 선으로 갚을 때 비로소 새 세상의 열림이 가능할 것이라는 가르침이다.

증산은 "가해자(加害者)를 은인과 같이 생각하라"라는 실로 놀라운 가르침을 내리기도 했다. 자신에게 해를 끼친 사람을 마치 은혜를 베푼 사람처럼 여기라는 말이다. 말은 쉬울지 몰라도 실천하기는 무척 어려운 일이다.

일심을 가져라

간절한 소망이 액티브한 파워를 갖는다. 따라서 기적은 믿음을 전제로 한다. 이러한 맥락에서 증산은 모든 일에 일심(一心)을 가질 것을 가르쳤다.

"이제 모든 일에 성공이 없는 것은 일심 가진 자가 없는 연고라. 만일 일심만 가지면 못될 일이 없느니라. 그러므로 무슨 일을 대하든지 일심 못함을 한(恨)할 것이요, 못되리라는 생각은 품지 말라."

일심만 가진다면 이 세상에 하지 못하거나 안 되는 일이 없을 것이라는 가르침이다. 따라서 증산은 모든 일을 대할 때 항상 나 스스로 일심을 가지지 못할까를 두려워하고 마음을 다잡으라고 가르쳤다. 어떤 일을 당하여 안 될 것이라는 자괴감이나 부정적인 감정을 가지는 것을 경계했다.

일심과 관련하여 증산은 "일심의 힘으로 인하여 탄환이 범하지 못하느니라"라는 말을 남기기도 했다. 전라도 순창에서 의병을 일으켰을 때 최익현(崔益鉉)은 살고 정시해(鄭時海)는 죽었다. 이 사건을 평가하면서 증산이 했던 말이다. 일심만 가지면 그 어떤 위기상황을 맞아서도 생명을 건질 수 있다는 주장이다.

또 증산은 "일심 가진 자는 한 손가락을 튕겨 만 리(萬里) 밖에 있는 군함을 깨뜨리느니라"라고도 주장했다. 일심을 가지면 손가락 하나를 튕겨서 멀리 있는 군함 등의 무기도 파괴할 수 있는 능력을 얻을 수 있다는 말이다. 그만큼 일심의 중요성을 강조한 대목이다.

한편 증산의 "인간의 복록을 내가 맡았으나 태워줄 곳이 없음을 한하노니, 이는 일심을 가진 자가 적은 연고(緣故)라. 만일 일심 자리만 나타나면 유루(遺漏) 없이 베풀어주리라"라는 말도 전한다. 일심을 가지는 사람이 적기 때문에 인간들이 복록을 누리지 못하고 있다고 진단한 증산은, 만약 어떤 일에 일심을 가진 사람만 나타난다면 복록을 아낌없이 줄 것이라고 약속한다. 복록에 욕심을 내지 말고, 우선 일심을 가질 것을 가르친 대목이다.

이 외에도 증산은 "내가 서촉(西蜀)에 있어도 일심하는 자에게는 찾으리라"라고 말했다. 증산은 아주 멀리 떨어진 외딴 곳에 있더라도 일심을 가지고 자신을 찾는 자가 있으면 반드시 응할 것을 약속했다.

믿음의 본질은 자기를 비우는 정신집중에 있다. 굳센 신념의 표출이다. 따라서 오로지 믿기만 하면 그대로 이루어진다. 그리고 과학의 법칙과 도덕의 법칙은 둘이 아니다. 나아가 천리(天理)와 인욕(人欲)도 둘이 아니다. 일심이요, 천인합일(天人合一)이다. 따라서 일심은 전체적 사고요, 통합적 사유를 지향한다. 신(神)과 천(天)을 세계와 대립하고 분열된, 동떨어진 서로 다른 두 체계로 보지 않는다. 나아가 일심은 이원론을 극복하고 일원론을 지향한다. 일심은 현상과 본질의 분리, 분열, 대립이 아니라 합일, 통합, 수렴을 지향한다. "하나에 전일(全一)하게 집중시킨다"라는 일심의 상태는 산만하여 흐트러지지 않는 지속적인 상태를 가리킨다. 또 일심은 항상 깨어있는 마음이다. 방만이 아닌 수렴된 마음이다. 그리고 일심은 욕심이 없는 마음이다. 또 일심은 일방적이고 맹목적인 믿음과 경배를 지향하지 않는다.

참는 공부에 힘쓰라

"일에 뜻하는 자는 넘어오는 간(肝)을 잘 삭혀 넘겨야 하느니라."

증산이 추구하는 '천하사(天下事)'를 염두에 두는 사람은
반드시 참는 공부에 힘쓰라는 가르침이다. 성급하게 행동하면
일의 실패가 있을 뿐이다. 무리하게 일을 추진하면 실패가 눈
앞에 놓여있을 것이다. 따라서 증산은 자신이 집행한 천지공
사(天地公事)의 점진적 진행을 강조한 셈이다. 따라서 증산의
천지공사의 결과가 어느 날 갑자기 있을 것이라는 믿음은 헛
된 일이고 지양되어야 할 일이 분명하다.

"남이 트집을 잡아 싸우려 할지라도 마음을 눅여 지는 것이 상
등(上等) 사람이라 복이 되는 것이오, 분(忿)을 참지 못하고 어울
려 싸우는 자는 하등(下等) 사람이라. 어찌 잘되기를 바라리오?"

위의 인용문은 증산이 가르친 '참는 공부'의 한 사례로 볼 수 있는 대목이다. "마음을 눅이는 일"이 곧 "참는 공부"이며, 참는 사람이 상등 사람이요 복을 받는 사람이라는 말이다.

색을 경계하라

증산은 이성(異性)에 대한 육체적 욕망을 조심하라고 가르쳤다. 이와 관련하여 증산의 "색(色)은 남자의 정기(精氣)를 모손(耗損)케 하는 것이니, 이 뒤로는 여자를 만나볼 때에 익히 보고 마음에 두지 말라"라는 말이 있다.

증산은 인생의 의미를 의(衣), 식(食), 색(色)에 두었다. 그러나 증산은 색을 경계하였으며, 아름다운 여인을 보고 마음을 빼앗긴 제자에게 "익히 보고 마음에 두지 말라"라고 가르쳤다. 마음에 깊이 간직하는 일을 삼가라는 가르침이다.

나
오
는
글

　증산 강일순은 민중적 종교가이자 사상가이다. 번뜩이는 생각을 세상에 내놓은 종교적 천재가 분명하다. 무엇보다 그는 '개벽'이라는 거대한 비전에 자신의 전 생애를 헌신한 위대한 인물이다. 증산은 당대 민중의 고통을 치유하고 그들의 갈망을 충족시킬 수 있는 방법론을 일정하게 제시한 새로운 이념과 실천이론을 창출한 위대한 종교가이기도 하다. 그렇지만 증산은 환상적이고 신비한 존재가 아니다. 그는 구체적 삶의 행적이 확인되는 현실의 역사적 인물이다. 증산은 우주적 차원의 대조화와 대변혁을 지향하고, 미래에 대한 비전을 나름대로 제시했다. 나아가 그는 긍정적이고 희망적인 전망을 후천개벽의 틀 안에서 일정하게 주장했다.

지금 현재의 시대정신은 과연 어떠하며 무엇인가? 그리고 한국인의 전통적 종교성은 무엇이며, 그 지향성은 어떠한가? 이는 현재진행형인 질문이며, 장차 이 사회가 나아갈 방향과 역사의 법칙에 대한 근원적 물음이다. 이와 관련하여 증산은 우주 만물의 존재근거와 인간에 대한 새로운 이해를 도모한 인물로 기억될 수 있다.

　　증산은 역사적 사실과 종교적 상상력 사이를 오가는 신비한 인물이기도 하다. 증산이 행했다는 많은 기행이적은 기본적으로 해원과 상생, 그리고 보은의 실천과정이었다. 그의 이적을 역사적 사실로 믿는 것은 미신이다. 그 이적에 나타나는 '궁극적 의미'를 찾고 믿는 종교적 상상력이 필요하다.

　　그리고 증산의 상제 또는 하느님으로서의 권위와 능력을 믿는 것이 아니라 새로운 세상인 개벽의 도래를 믿는 일이어야 한다. 개벽하는 새 세상이 곧 다가온다는 절박한 믿음을 통해 '지금 이 순간'을 새롭게 열어가는 우리들의 구체적인 행위와 실천이 요구되는 때이다. 나아가 증산을 단순히 믿는 일이 아니라, 증산의 삶과 정신에 직접 '참여'하는 일이 중요하다. 이러한 맥락에서 오늘날에 있어서 증산의 행적이 갖는 궁극적 의미와 본질을 깨닫고 '참여', '동참'해야 한다. 미신이나 맹신이 아니라 궁극적 신앙으로의 승화를 통한 구체적 실천과 행동이 요청되는 시점이다.

> "원래 인간(人間)에서 하고 싶은 일을 하지 못하면 분통이 터
> 져서 큰 병(病)을 이루나니, 그러므로 이제 모든 일을 풀어놓아
> 각기 자유행동(自由行動)에 맡기어 먼저 난법(亂法)을 지은 뒤에
> 진법(眞法)을 내리니, 오직 모든 일에 마음을 바르게 하라."

'역사적 인물 증산'은 갇힌 존재가 아니라 열린 존재였다.
그는 모든 일을 자유욕구에 응하여 풀어놓음으로써 새 세상의
진행을 주도했다고 전해지며, 기존 역사의 모든 진액을 뽑아
모아 새로운 세상을 전개하고자 노력한 사람으로 믿어진다.
따라서 증산이 행했다는 죽은 '말씀'이 아닌 살아있는 '행위'를
실천하는 일이 새 세상의 열림 곧 '개벽(開闢)'이다. 그리고 개
벽의 세상을 맞이하기 위해서는 소승(小乘)의 개인 신앙을 벗
어나 대승(大乘)의 사회변혁운동을 전개해야 할 것이다. 새 세
상의 열림은 개개인의 실제적인 행위와 실천에 의해서만 비로
소 가능할 것이다. 항상 깨어있고 새롭게 자신을 '혁신'해야
한다.
　　따라서 우리는 우선 '역사적 인물 증산'과 만나야 한다.
'신화적 증산'과 '상제 증산'은 일단 제쳐두어야 한다. '신성(神

聖)으로서의 증산'이 아니라 우선 '현실적 존재로서의 증산'을 먼저 만나 '나' 스스로를 철저하게 변혁해야 한다.

한편 개벽과 구원의 주체는 증산 상제나 증산 하느님이 아닌 바로 '나'다. 신이 아니라 인간이 먼저다. 후천이라는 이 상사회를 향한 거대담론의 설계는 증산이 행했지만, 그 후천을 만들어가고 실행에 옮기는 일은 어디까지나 우리 인간의 손에 달려 있다.

또 어떤 신앙이라도 특정 조직과 교단의 독점이 되어서는 안 된다. 공유되어야 마땅하다. 따라서 권위주의, 독점주의, 파벌주의의 극복이 강력하게 요청된다. 증산은 교단을 만들기 위해 이 땅에 다녀가지 않았다.

그리고 증산에 대한 맹목적인 신앙은 잘못이다. 시한부적 종말론에 대한 몰두나 지나친 개벽신앙도 잘못이다. 개벽은 우리 모두 함께 조금씩 열어가고 만들어가야 할 이상사회다. 나아가 증산교단만이 구원을 독점할 수는 없다. 따라서 증산교인이라 하더라도 증산을 특정한 개인이나 집단이 독점하려 해서는 안 된다. 증산은 누구나 모실 수 있는 존재이자, 모실 수 있는 존재로 재탄생되어야 할 것이다. 증산은 인류 전체의 구원을 위해 오신 영적 스승이자 지도자로 거듭나야 할 것이다.

이를 위해서는 특정한 개인이나 교단을 거치지 않고 위대한 스승인 증산을 직접 만나 소통해야 한다. 증산사상은 현재와 미래를 역동적으로 이끌어갈 새로운 시대적 가치를 포함하는 새 사상이다. 따라서 증산사상은 현재의 내가 몸소 실천해야 할 가치이자 덕목으로 받아들여지고 행해져야 한다.

개벽하는 새 세상은 어느 날 갑자기 하늘에서 뚝 떨어지는 낯선 별세계가 아니다. 인간이 조금씩 변화되고 만들어가는 세상이자 사회의 모습이다. 그러므로 환상과 신비가 아닌 현실과 행위를 통해 개벽을 열어가야 할 것이다. 그리고 우위에 서서 상대방을 가르치려고만 하는 교조주의적 태도는 과감히 버려야 한다. 잘못된 관념이나 문명이나 언어가 부과하는 독단적 선(先)이해를 배제하여 일체의 편견에서 벗어나 항상 깨어있는 마음으로 증산을 만나야 할 것이다.

그리고 증산은 "품은 원한을 풀고, 남을 살리는 일에 힘쓰고, 받은 은혜에 보답하라"라는 해원, 상생, 보은의 구체적 가르침을 내린 인물이다. 이러한 가르침을 실천하여 내가 스스로 증산이 되고, 증산처럼 살아야 한다. 증산은 신앙의 대상으로 존경받고 모셔지기만 해서는 안 된다. 그의 사상과 이념은 현재를 살아가는 오늘날의 우리에게 긍정적인 영향을 주어야 한다. 증산은 오늘날을 살아가는 우리에게 삶의 모범을 제시해준, 위대한 표상을 제시해준 인물로 기억되어야 마땅하다. 따라서 증산을 진정으로 따르고 닮아가려는 마음과 행동이 필요하다. 그를 단순히 모시거나 믿기만 해서는 안 된다. 내 삶의 모범으로, 내 행위의 준칙을 알려준 인물로 나의 가슴에 살아 움직여야 한다. 자각(自覺)이 필요하고 요청된다. 이를 위해서는 내 생각과 마음을 먼저 변혁해야 할 것이다. 증산은 개벽하는 새 세상의 비전을 나름대로 제시한 위대한 인물이다. 개벽은 '열림'이 아니라 '열어감'으로 다가와야 할 것이다.

무엇보다도 증산은 삶의 본보기와 모범을 보인 역사적 인물로서 먼저 조명되어야 한다. '역사적 인물 증산'과 '상제 또는 하느님 증산'을 구분하고 구별하는 인식과 관념이 필요하다는 말이다. 나와 우리를 변혁하기 위해서는 보편적 가치를 위해 헌신하는 사람과 그러한 삶이 요구된다. 특별하고 특정한 개인이나 집단이 개벽을 위해 필요하지 않다. 소아(小我)가 아닌 대아(大我)를 지향하는 열린 마음을 가져야 비로소 개벽은 가능할 것이다.

증산은 인간의 새로운 가능성을 모색하고 제시한 인물로서 부각하여야 한다. 증산은 자신이 상제임을 자각하고 스스로 천지공사(天地公事)의 주재자와 집행자가 되었다. 이는 모범을 보인 일로 '스스로 상제가 되라'라는 가르침으로도 이해할 수 있다. 나아가 증산은 자신의 가르침을 믿고 따르는 사람들에게 "천지공사의 주체가 되라"라고 말했고, "천지공사를 수행하는 일꾼이 되라"라고 강조했다. 천지공사는 그저 바라봄이 아닌 직접 참여함이 강조되는 실천사상이다. 따라서 증산의 천지공사는 '해석'되는 체계가 아니라 '참여' 또는 '실행'하는 구체적 덕목으로 자리매김해야 할 것이다. 이러한 입장에서 증산사상에 대한 전체적 시각의 새로운 해석학이 필요하고 요청된다. 증산은 인류 구원이라는 보편적 문제의식에 서서 기존 사상의 틀을 과감히 벗어나 새로운 한국적 신앙체계를 일정하게 제시하고 수립했다. 그는 무속이나 민간신앙까지도 포함하는 유불선(儒佛仙) 삼교합일(三敎合一)을 지향하여 모든 사상의 통합과 진액 추출을 시도한 사람이다.

증산은 통합과 구원을 시루와 배로 상징화한 인물이다. 온갖 사상을 시루로 쪄서 새로운 체계를 만들고, 이를 바탕으로 천지를 근본적으로 변혁시켜 많은 사람을 이상을 향한 구원의 배에 탈 수 있게 했던 위대한 인물이다. 증산이 가고자 했던 '저쪽 땅'은 바로 완성과 결실을 상징하는 구원의 땅이다. 그 세상은 죽음 이후에 이루어지지 않는다. 인간이 발을 디디고 살아가는 이 땅에 이루어질 새 구원의 이상사회다.

증산사상의 올바른 이해와 정립을 위해서는 종교라는 관

념과 조직체계의 억압적 폭력으로부터도 과감히 해방되어야 할 것이다. 수많은 증산교단에서 증산을 다양하게 믿어왔다. 그 신앙의 핵심은 바로 이상의 현실화 문제일 것이다. 증산은 천지공사라는 새롭고 독창적인 개념으로 집대성한 구원체계를 제시했으며, 통합과 구원을 향하는 신념체계를 수립했다. 따라서 증산사상의 바람직한 구현을 위해서는 역사 현장의 생생한 문제를 적극적으로 해결하는 방향이 제시되어야 할 것이다.

증산이 주장한 해원(解冤), 상생(相生), 보은(報恩)의 시대정신은 새로운 개벽시대(開闢時代)를 창조적으로 열어나가자는 새 사상이다. 나를 둘러싼 시대의 핵심을 파악하고 그 시대를 이끌어갈 새로운 정신으로 무장하여 새 세상을 만들어가야 한다. 관건은 자신이 살아가는 이 세상과 시대를 어떻게 보느냐다.

종교적 경험은 그것의 '신비적 형태'가 '일상적 형태'로 이어질 수 있으며, 또 이어져야 한다. 즉 우리는 아주 인상적이고 기억되는 사건들을 통해 신비적 형태의 종교 경험을 하는데, 이러한 경험이 삶 전체에 대한 새로운 의미를 던져주는 '의미의 중심점'이자 '삶의 전환점'이 되어 '종교적 경험의 일상적 형태'로 나타나야 할 것이다. 따라서 어떤 종교체험이나 경험은 한순간의 사건이 아니라 보다 보편적이고 일상적인 형태로 삶에 구체적으로 자리를 잡아야 한다. 증산에 대한 이해나 각성도 마찬가지다. 요컨대 증산 체험이 일상생활에서 잔잔하게 빛날 때 비로소 증산은 우리 삶을 변화시키는 구체적 요인이 될 수 있을 것이다.

'일상적 형태'로 이어지지 못하는 종교적 경험의 '신비적 형태'는 다른 종류의 환상이나 환각과 구분할 길이 없으며, 나아가 그 자체가 적어도 진정한 증산신앙의 입장에서는 무의미하다는 사실이다. 세계와 역사 안에서 일어나는 크고 작은 경험 하나하나가 '증산과의 만남' 즉 '상제나 하느님의 존재에 대한 실증적 경험'이 되어야 할 것이다.

참된 증산신앙은 희망과 혁명의 종교다. 헤어날 길이 없는 절망에 빠진 듯한 우리의 삶에도 놀라운 기적이 일어날 수 있다는 희망을 주는 종교가 바로 증산교다. 그리고 죄에 물들고 악하며 비루한 우리에게도 새로운 삶이 시작될 수 있다는 혁명을 약속하는 종교가 바로 증산교다. '이성의 힘'으로는 새로운 삶의 의미를 만들어낼 수 없다.

따라서 증산은 결코 지나간 역사로만 기억되어서는 안 된다. 하나의 살아있는 '사건'으로 매 순간 이해되고 기억되고 재현되어야 한다. 그리고 증산이 주장한 개벽은 단순한 이념이나 구호적 사상으로 머물러서는 안 될 것이다. 그의 개벽은 오늘날의 순간순간 일어나는 '현재적', '진행적' 개벽으로 전승되고, 나아가 그를 따르는 인간의 구체적인 행동으로 재생되는 '거듭남'으로 구현되어야 할 것이다.

인간의 삶과 역사에서 과거와 미래는 단순히 '지나가버린 것' 또는 '아직 오지 않은 것'이 아니다. 오히려 매 순간순간 현재로서 존재하고, 현재에 영향을 미치며, 현재를 구성하는 요소로 작용하고 있는 어떤 것이다. 바람처럼 흘러가버린 과거나 신기루처럼 멀리 있는 미래는 모두 잊고 오직 현재에만 몰두하는 것이 시간의 파괴성과 허무의 늪에서 우리 스스로를 구할 수 있는 가장 간단하고 현실적인 방법이리라. 과거와 현재를 현전(現前)하게 하여 매 순간 인간과 세계를 다시 태어나게 하고 마지막에는 구원과 해방으로 이끄는 일이 요청된다.

이를 위해서는 무엇보다도 잃어버린 자신의 정체성, 삶의 의미와 가치를 되찾아주는 일이 필요하다. '잊어버린' 것이 아니라 '잃어버린' 삶의 진실과 의미를 되살려내는 시간이 요구된다. 역사는 하느님의 섭리가 시간 안에서 자기를 실현해가는 과정이라고 할 수 있다. 무의미한 시간이 그저 흘러가는 것이 아니라 개벽을 향해 나아가는 새 세상이 창조되는 과정이 성(聖)스러운 시간이다. '시대가 변한다'라는 말에 응하여 '인간이 스스로를 창조적으로 변화시켜야 한다'라는 덕목을 실천해야 할 것이다.

시간은 흐름이 있는 '변화'다. 그에 따라 개벽의 이상사회는 그냥 주어져 오는 것이 아니라 '개벽하는 통치와 권위'로 다가올 것이다. '개벽'은 이 땅 위에 이루어지는 새로운 질서를 상징하는 말이다. '개벽의 때나 시점'이 오는 진정한 의미를 발견해야 한다. '개벽'을 위해서는 무심한 듯 흐르는 객관적이고 물리적인 시간이 필요한 것이 아니다. 나와 우리에게 '의미가 있는 시간과 때'가 요청되는 주체적이고 뜻깊은 시간이 중요하다. 즉 나와 우리를 진정으로 '변화'시키는 구체적인 시간이 요청되고 필요하다는 말이다. 그냥 덧없이 흘러가는 시간이 아니라 나와 우리를 변화시키고 개혁하는 '열린 시간'이 있어야 비로소 개벽은 가능할 것이다. 개벽은 오기만 기다려서는 결코 오지 않을 것이다. 내가 먼저 '개벽하는' 개벽의 삶을 살아가야 한다.

'때'가 왔다. '변화'하라!!!

김탁(金鐸)

1963년에 경상북도 의성군에서 태어났으며, 대구 영남고등학교(30기)를 거쳐 1985년에 한양대학교 경제학과를 졸업하였다. 1985년부터 한국정신문화연구원(현 한국학중앙연구원) 부설 한국학대학원에서 한국사상과 종교를 연구하여, 1995년에 「증산 강일순의 공사사상」이라는 논문으로 철학박사 학위를 취득하였다. 현재까지 50여 편의 논문을 썼으며, 주요 저서로는 『증산교學』(1992), 『한국종교사에서의 동학과 증산교의 만남』(2000), 『한국의 관제 신앙』(2004), 『정감록』(2005), 『증산 강일순』(2006), 『역주 송광사 사고: 인물편』(공역, 2007), 『한국의 보물, 해인』(2009), 『대종교원전자료집: 대종교신원경』(공저, 2011), 『조선의 예언사상 上·下』(2016), 『일제강점기의 예언사상』(2019), 『정감록과 격암유록』(2021), 『증산사상과 한국종교』(2022) 등이 있다.